Bérénice

RACINE

Ouvrage publié sous la direction de
MARIE-HÉLÈNE PRAT

Édition présentée par
MARIE-HÉLÈNE BRUNET
Agrégée de Lettres modernes

UNIVERS
des
LETTRES
BORDAS

www.universdeslettres.com

Voir « **LE TEXTE ET SES IMAGES** » p. 132
pour l'exploitation de l'iconographie de ce dossier.

1. Jean-François Sivadier (Titus) et Nathalie Nell (Bérénice)
dans la mise en scène de Jacques Lassalle, T.E.P., 1990.

3. *Entrevue de Louis XIV et de Philippe IV, roi d'Espagne, dans l'île des* ➤
Faisans, en 1660, pour la ratification de la paix et l'accomplissement
du mariage de Louis XIV avec Marie-Thérèse d'Autriche, infante
d'Espagne. Détail du tableau de Laumosnier, fin XVIIᵉ – début
XVIIIᵉ siècle. (Musée de Tessé, Le Mans).

2. *Cicéron dénonçant Catilina au Sénat*, détail du tableau de Cesare Maccari (1840-1919). (Palazzo Madama, Rome).

PUISSANCES ET PRESSIONS POLITIQUES

4. Laurent Natrella (TITUS) et Sandy Boizard (BÉRÉNICE) dans la mise en scène de Daniel Mesguich, Théâtre de la Métaphore, Lille, 1994.

5. Nathalie Nell (BÉRÉNICE) et Jean-Baptiste Malartre (ANTIOCHUS) dans la mise en scène de Jacques Lassalle, T.E.P., 1990.

6. Nathalie Nell (BÉRÉNICE) et Jean-François Sivadier (TITUS) dans la mise en scène de Jacques Lassalle, T.E.P., 1990.

FACE-À-FACE ET DÉROBADES

7. Benoît Valles (TITUS) et Michel Ruhl (PAULIN) dans la mise en scène d'Anne Delbée, Théâtre 14, 1992.

8. Nathalie Nell (BÉRÉNICE) et Agnès Van Molder (PHÉNICE) dans la mise en scène de Jacques Lassalle, T.E.P., 1990.

9. Renaud De Manoel (ANTIOCHUS) et Eliezer Mellul (ARSACE) dans la mise en scène d'Anne Delbée, Théâtre 14, 1992.

10. Ludmila Mikaël (BÉRÉNICE) dans la mise en scène de Klaus Michael Grüber, Comédie-Française, 1984-1985.

REGARDS SUR L'ŒUVRE

1610		1643	1661		1715
HENRI IV	LOUIS XIII	MAZARIN		LOUIS XIV	

1606 CORNEILLE 1684

1621 LA FONTAINE 1695

1622 MOLIÈRE 1673

1623 PASCAL 1662

1636 BOILEAU 1711

1639 **RACINE** 1699

1645 LA BRUYÈRE 1696

ŒUVRES DE RACINE

1664	*La Thébaïde*	1672	*Bajazet*
1665	*Alexandre le Grand*	1673	*Mithridate* □
1667	*Andromaque*	1674	*Iphigénie*
1668	*Les Plaideurs* ■	1677	*Phèdre*
1669	*Britannicus* □	1689	*Esther*
1670	***Bérénice*** □	1691	*Athalie*

■ comédie   □ tragédies tirées de l'histoire romaine

Le conflit du devoir et de la passion, l'amour sacrifié à la raison d'État, cette situation cruelle touche-t-elle encore nos esprits modernes ? Sans doute avons-nous en mémoire la triste destinée de quelque princesse mariée par pure politique... De même, les contemporains de Racine se sont plu à voir dans l'histoire de Titus et Bérénice les amours contrariées de Louis XIV avec Marie Mancini, la nièce de Mazarin. Mais au-delà des anecdotes, ce que *Bérénice* nous livre, c'est l'éternelle histoire d'un amour malheureux, de la séparation des amants, du destin insensible, d'un sacrifice sublime enfin, dont la grandeur ne console pas ceux qui l'acceptent. L'histoire de Titus et Bérénice, c'est aussi un peu celle d'Énée et Didon, de Tristan et Yseut, de Rodrigue et Chimène...

Toute une légende entoure la naissance de *Bérénice* : la princesse Henriette d'Angleterre en aurait imposé simultanément le sujet à Racine et Corneille sans qu'ils sachent qu'ils seraient rivaux... Quoi qu'il en soit, les deux pièces furent jouées à quelques jours d'intervalle en novembre 1670. En dépit des critiques, la tragédie de Racine fut un véritable « succès de larmes », tandis que la pièce de Corneille, *Tite et Bérénice*, ne reçut qu'un accueil mitigé et fut bientôt abandonnée : le public avait préféré les pleurs de l'héroïne racinienne à la constance du héros cornélien.

Quant au spectateur moderne, il ne peut qu'admirer le tour de force accompli par Racine : la simplicité de l'action, qui va jusqu'au dépouillement, fait de *Bérénice* une véritable « tragédie sur presque rien »... Mais n'est-ce pas cette même sobriété qui permet d'entendre par-dessus tout le chant de l'amour et du désespoir ?

REPÈRES

L'AUTEUR : Jean Racine.

PREMIÈRE REPRÉSENTATION : 21 novembre 1670.

PREMIÈRE PUBLICATION : 1671.

LE GENRE : *Bérénice* est une tragédie classique inspirée de l'histoire romaine, mais comportant probablement des « clés » contemporaines. C'est aussi une tragédie politique et amoureuse : une intrigue cornélienne jouée par des personnages raciniens ?

LE CONTEXTE :

• L'apogée du règne de Louis XIV, souverain glorieux et généreux : un modèle de Titus ?

• Une rivalité sans merci avec Corneille qui fait jouer au même moment *Tite et Bérénice*.

• Un reflet de l'évolution du goût esthétique au XVIIᵉ siècle : après l'exaltation de l'héroïsme, c'est la violence de la passion et une vision du monde plus pessimiste.

• Une liaison amoureuse de Racine avec Marie Desmares, dite la Champmeslé, comédienne brillante pour qui il écrit le rôle de Bérénice.

LA PIÈCE :

• **Forme et structure** : cinq actes en vers, vingt-neuf scènes, sept personnages ; un dénouement atypique puisque non sanglant.

• **Lieu et temps** : la Rome impériale du Iᵉʳ siècle après Jésus-Christ.

• **Personnages** : Titus, l'empereur romain conscient de ses responsabilités ; Bérénice, la reine orientale, passionnément éprise ; Antiochus, l'amoureux secret et malheureux de Bérénice. Leurs confidents lucides et prudents sont Paulin, Arsace et Phénice ; un messager ; les figurants muets de la suite de Titus.

• **Intrigue** : Titus a hérité du trône impérial et accepte toutes les contraintes du pouvoir, y compris celle de renoncer à épouser la femme qu'il aime pour ne pas aller contre la volonté de Rome. Mais comment annoncer cette cruelle résolution à Bérénice qui ne vit que par lui et pour lui ? Quels accommodements possibles avec une conscience écartelée entre le respect de la loi romaine et une passion exigeante ?

LES ENJEUX :

• L'aboutissement d'un idéal dramatique : le triomphe de la simplicité d'action ou « faire quelque chose de rien ».

• Le conflit de la raison d'État et de la passion amoureuse : une alternative tragique ; dilemme cornélien et passion racinienne.

• Le sommet d'une esthétique : poésie élégiaque de la complainte amoureuse ; lyrisme de la « tristesse majestueuse ».

Gravure de François Chauveau pour le frontispice de *Bérénice*.
(Bibliothèque nationale de France, Paris.)

RACINE
ET *BÉRÉNICE*

SOUS LE SIGNE DU JANSÉNISME

Né en décembre 1639, Jean Racine n'a guère le temps de connaître ses parents : il reste orphelin de père et de mère dès l'âge de quatre ans. Après un bref séjour chez son grand-père maternel, il est recueilli par sa grand-mère paternelle dont la fille Agnès deviendra plus tard abbesse de **Port-Royal**[1]. Devenue veuve en 1649, la grand-mère prend le voile à Port-Royal et Racine est admis aux « Petites Écoles » du couvent : il profite ainsi de l'enseignement des grands maîtres jansénistes[2], comme le célèbre **Nicole**[3], et reçoit une **solide instruction classique** lui permettant de lire dans le texte grec les tragédies de Sophocle et d'Euripide[4]. De plus, la **doctrine austère et pessimiste** du jansénisme s'inscrit profondément dans son esprit...

L'ATTRAIT DE LA VIE MONDAINE
ET LA RETRAITE PROVINCIALE

Pendant son année de philosophie à Paris, Racine découvre la vie mondaine et se laisse séduire : il ambitionne d'ores et déjà une carrière littéraire. De cette époque date son amitié avec La Fontaine.

---

1. **Port-Royal-des-Champs :** abbaye de femmes située près de Paris. Près du couvent vivaient aussi des hommes pieux qui avaient voulu se retirer du monde : les Solitaires ; l'école qu'ils avaient fondée et le couvent étaient considérés à l'époque de Racine comme le foyer du jansénisme.
2. Le jansénisme est un courant de pensée religieuse qui tient son nom du théologien Jansénius (1585-1638). Celui-ci enseignait des idées austères et professait la croyance dans la prédestination de certains hommes au salut éternel.
3. **Nicole** (1625-1695) : moraliste, janséniste convaincu et polémiste redoutable.
4. **Sophocle** et **Euripide :** poètes tragiques grecs du Ve siècle av. J.-C.

En 1661, il se rend à Uzès, dans le sud de la France, chez un oncle chanoine dont il espère recevoir un bénéfice ecclésiastique[1]. Après une année d'ennui, il rentre à Paris, déçu dans ses espérances financières...

LES DÉBUTS AU THÉÂTRE
ET LES RUPTURES FRACASSANTES

L'année 1664 est celle de sa première tragédie, *La Thébaïde ou les Frères ennemis*, jouée par la troupe de Molière. Elle obtient peu de succès. L'année suivante, il récidive avec *Alexandre*, dont il confie également la représentation à Molière puis à une troupe rivale, celle de l'Hôtel de Bourgogne : ainsi se trouve consommée la rupture entre les deux hommes.

Par ailleurs, en 1666, à la suite de la sévère condamnation portée par Nicole contre le théâtre (il traitait les dramaturges* d'« empoisonneurs publics non des corps, mais des âmes »), Racine rompt également avec Port-Royal, reniant ainsi les maîtres de sa jeunesse.

Il se fraie alors rapidement un chemin vers le succès et se crée d'importantes relations à la cour. En 1667, *Andromaque*, son **premier triomphe**, lui apporte l'aisance matérielle et la gloire. En 1668, il donne son unique comédie, *Les Plaideurs*, puis revient en 1669 à la tragédie avec *Britannicus*, dont le sujet est tiré de l'histoire romaine.

LA NAISSANCE DE *BÉRÉNICE*

C'est encore la Rome antique qui fournit à Racine le sujet de *Bérénice* : une tradition aujourd'hui contestée assure que c'est la princesse Henriette d'Angleterre qui lui en imposa le sujet, l'imposant en même temps mais secrètement à Corneille, parce qu'elle était désireuse de mettre en compétition les deux plus grands poètes tragiques de l'époque.

---

1. **Bénéfice ecclésiastique :** revenu attaché à la fonction d'homme d'Église.

* Les définitions des mots suivis d'un astérisque figurent p. 194-196.

Plus vraisemblablement, Racine, ayant appris que Corneille préparait *Tite et Bérénice*, dut décider de le battre sur son propre terrain (le sujet étant éminemment « cornélien ») ; à moins que ce ne soit Corneille qui ait relevé le défi, espérant ainsi en finir avec un rival importun...

Toujours est-il que les deux pièces, jouées toutes deux en novembre 1670, connaissent des destinées bien différentes : la tragédie de Racine remporte un succès exceptionnel pour l'époque et sera jouée 30 fois. Les spectateurs pleurent autant que pour *Andromaque*. En revanche, la pièce de Corneille, d'abord applaudie, souffre de la comparaison et disparaît bientôt de la scène. Racine détrône ainsi définitivement « le vieux Corneille ».

BÉRÉNICE FACE À LA CRITIQUE

Pourtant, les détracteurs ne manquent pas de se faire entendre. Un docte, l'abbé de Villars, rédige une *Critique de Bérénice* dans laquelle il reproche à l'auteur d'avoir mis à mal la vérité historique, mais aussi les règles pour l'action comme pour les caractères ; il conteste également le « vide » de l'intrigue qu'il juge trop peu chargée (c'est lui que Racine vise dans sa préface, voir p. 24), sans ménager les critiques de style. Enfin il use du nom de Corneille au détriment du jeune Racine. Son rival ne sera pas pour autant épargné : quelques semaines plus tard, le même Villars fait paraître une critique de *Tite et Bérénice*, qui traite encore plus mal la pièce de Corneille !

Deux ans plus tard, les deux tragédies suscitent encore une comédie critique : *Tite et Titus ou les deux Bérénice* (1673, anonyme) qui renvoie dos à dos les deux pièces en condamnant l'action « languissante » de *Bérénice* et en critiquant les caractères cornéliens.

Longtemps après (octobre 1683), les comédiens italiens représentent *Arlequin Protée* (voir p. 181), une parodie de *Bérénice* qui blesse cruellement l'auteur : « Il assista à cette parodie bouffonne, et parut y rire comme les autres ; mais il avouait à ses amis qu'il n'avait ri qu'extérieurement [...] C'était dans de pareils moments qu'il se dégoûtait du métier de poète, et qu'il faisait résolution d'y renoncer » (Louis Racine, *Mémoire sur la vie et les ouvrages de Jean Racine*).

L'APOGÉE DU SUCCÈS

Sa suprématie désormais solidement assurée, Racine poursuit son œuvre, avec *Bajazet* en 1672, *Mithridate* en 1673. Cette même année, il est reçu à l'Académie française. En 1674, il représente *Iphigénie*, nouveau succès de larmes. La création de *Phèdre* en 1677, malgré une cabale pour faire tomber la pièce, consacre une brillante ascension.

UNE NOUVELLE ORIENTATION

Paradoxalement, le triomphe de *Phèdre* correspond à une interruption dans la carrière de Racine auteur dramatique. Il est nommé **historiographe**[1] **du roi** avec Boileau en 1677, et se marie avec Catherine Romanet, dont il aura sept enfants. Enfin, il se réconcilie avec les Solitaires de Port-Royal.

C'est seulement en 1689 et en 1691 qu'il compose respectivement *Esther* et *Athalie*, tragédies d'inspiration biblique, pour satisfaire la demande de Mme de Maintenon, maîtresse puis épouse du roi ; ces pièces sont destinées à être jouées par les « demoiselles de Saint-Cyr », pensionnaires au collège de Saint-Cyr-l'École fondé par Mme de Maintenon pour les jeunes filles nobles sans fortune.

L'ascension sociale de Racine se poursuit : il est nommé secrétaire-conseiller du roi en 1696. Il meurt à Paris le 21 avril 1699, et est enterré à Port-Royal, comme il le souhaitait dans son testament.

---

1. Historiographe : écrivain officiellement désigné pour rédiger l'histoire d'un règne, d'un monarque.

Portrait de Jean Racine,
gravure de Jean Daulle, 1762.
(Abbaye de Port-Royal-des-Champs.)

Bérénice

RACINE

tragédie

représentée pour la première fois
à Paris sur le théâtre
de l'Hôtel de Bourgogne
le 21 du mois de novembre 1670.

ÉPÎTRE DÉDICATOIRE

À MONSEIGNEUR COLBERT

SECRÉTAIRE D'ÉTAT,
CONTRÔLEUR GÉNÉRAL DES FINANCES,
SURINTENDANT DES BÂTIMENTS,
GRAND TRÉSORIER DES ORDRES DU ROI,
MARQUIS DE SEIGNELAY, ETC.

MONSEIGNEUR,

Quelque juste défiance que j'aie de moi-même et de mes ouvrages, j'ose espérer que vous ne condamnerez pas la liberté que je prends de vous dédier cette tragédie. Vous ne l'avez pas jugée tout à fait indigne de votre approbation. Mais ce qui fait son plus
5 grand mérite auprès de vous, c'est, Monseigneur, que vous avez été témoin du bonheur qu'elle a eu de ne pas déplaire à Sa Majesté.

L'on sait que les moindres choses vous deviennent considérables[1], pour peu qu'elles puissent servir à sa gloire ou à son
10 plaisir ; et c'est ce qui fait qu'au milieu de tant d'importantes occupations, où le zèle de votre prince[2] et le bien public vous tiennent continuellement attaché, vous ne dédaignez pas quelquefois de descendre jusqu'à nous, pour nous demander compte de[3] notre loisir.

15 J'aurais ici une belle occasion de m'étendre sur vos louanges, si vous me permettiez de vous louer. Et que ne dirais-je point de tant de rares qualités qui vous ont attiré l'admiration de toute la France ; de cette pénétration à laquelle rien n'échappe ; de cet esprit vaste qui embrasse[4], qui exécute tout à la fois tant de grandes
20 choses ; de cette âme que rien n'étonne[5], que rien ne fatigue !

---

1. **Considérables** : dignes de considération.
2. **Où le zèle de votre prince** : auxquelles votre zèle pour le roi.
3. **Demander compte de** : prendre de l'intérêt à.
4. **Embrasse** : saisit simultanément.
5. **Étonne** : ébranle.

Mais, Monseigneur, il faut être plus retenu[1] à vous parler de vous-même ; et je craindrais de m'exposer, par un éloge importun, à vous faire repentir de l'attention favorable dont vous m'avez honoré ; il vaut mieux que je songe à la mériter par quelques nouveaux ouvrages : aussi bien c'est le plus agréable remerciement qu'on vous puisse faire. Je suis avec un profond respect,

MONSEIGNEUR,

Votre très humble et très obéissant serviteur,

RACINE.

---

1. **Retenu :** réservé, modéré.

Préface

*Titus reginam Berenicen, cui etiam nuptias pollicitus fere-
batur, statim ab Urbe dimisit invitus invitam.*

C'est-à-dire que « Titus, qui aimait passionnément
Bérénice, et qui même, à ce qu'on croyait, lui avait promis de
5 l'épouser, la renvoya de Rome, malgré lui et malgré elle, dès
les premiers jours de son empire »[1]. Cette action est très
fameuse dans l'histoire ; et je l'ai trouvée très propre pour le
théâtre, par la violence des passions qu'elle y pouvait exciter[2].
En effet nous n'avons rien de plus touchant dans tous les
10 poètes que la séparation d'Énée et de Didon, dans Virgile[3]. Et
qui doute que ce qui a pu fournir assez de matière pour tout
un chant d'un poème héroïque, où l'action dure plusieurs
jours, ne puisse suffire pour le sujet d'une tragédie, dont la
durée ne doit être que de quelques heures ? Il est vrai que je
15 n'ai point poussé Bérénice jusqu'à se tuer, comme Didon,
parce que Bérénice n'ayant pas ici avec Titus les derniers engagements que Didon avait avec Énée, elle n'est pas obligée,
comme elle, de renoncer à la vie. À cela près, le dernier adieu
qu'elle dit à Titus, et l'effort qu'elle se fait[4] pour s'en séparer
20 n'est pas le moins tragique de la pièce ; et j'ose dire qu'il
renouvelle assez bien dans le cœur des spectateurs l'émotion
que le reste y avait pu exciter. Ce n'est point une nécessité
qu'il y ait du sang et des morts dans une tragédie : il suffit que
l'action en soit grande, que les acteurs[5] en soient héroïques,
25 que les passions y soient excitées, et que tout s'y ressente de
cette tristesse majestueuse qui fait tout le plaisir de la tragédie.

Je crus que je pourrais rencontrer toutes ces parties dans
mon sujet ; mais ce qui m'en plut davantage, c'est que je le

---

1. Citation tirée des *Vies des douze Césars*, ouvrage de l'historien latin
Suétone (69-126 apr. J.-C.). La traduction de Racine est approximative.
2. Exciter : susciter.
3. Virgile : poète latin du Iᵉʳ siècle av. J.-C., auteur de l'*Énéide*, épopée (ou
« poème héroïque ») retraçant les aventures d'Énée, notamment ses
amours avec la reine Didon (chant IV).
4. Qu'elle se fait : qu'elle fait sur elle-même.
5. Nous disons aujourd'hui « les personnages ».

trouvai extrêmement simple. Il y avait longtemps que je vou-
30 lais essayer si je pourrais faire une tragédie avec cette simplicité
d'action qui a été si fort du goût des Anciens. Car c'est un des
premiers préceptes qu'ils nous ont laissés : « Que ce que vous
ferez, dit Horace[1], soit toujours simple et ne soit qu'un. » Ils
ont admiré l'*Ajax* de Sophocle[2], qui n'est autre chose qu'Ajax
35 qui se tue de regret, à cause de la fureur où il était tombé
après le refus qu'on lui avait fait des armes d'Achille. Ils ont
admiré le *Philoctète*, dont tout le sujet est Ulysse qui vient
pour surprendre les flèches d'Hercule. L'*Œdipe* même, quoique tout plein de reconnaissances[3], est moins chargé de
40 matière que la plus simple tragédie de nos jours. Nous voyons
enfin que les partisans de Térence, qui l'élèvent avec raison
au-dessus de tous les poètes comiques, pour l'élégance de sa
diction[4] et pour la vraisemblance de ses mœurs, ne laissent pas
de confesser[5] que Plaute[6] a un grand avantage sur lui par la
45 simplicité qui est dans la plupart des sujets de Plaute ; et c'est
sans doute cette simplicité merveilleuse qui a attiré à ce dernier toutes les louanges que les Anciens lui ont données.
Combien Ménandre[7] était-il encore plus simple, puisque
Térence est obligé de prendre deux comédies de ce poète
50 pour en faire une des siennes.

   Et il ne faut point croire que cette règle ne soit fondée
que sur la fantaisie de ceux qui l'ont faite : il n'y a que le vraisemblable qui touche dans la tragédie, et quelle vraisemblance y a-t-il qu'il arrive en un jour une multitude de choses
55 qui pourraient à peine arriver en plusieurs semaines ? Il y en a
qui pensent que cette simplicité est une marque de peu

---

1. **Horace** : poète latin (65-8 av. J.-C.), auteur d'un *Art poétique*.
2. **Sophocle** : dramaturge grec du Vᵉ siècle av. J.-C., auteur des tragédies
   citées par Racine : *Ajax, Philoctète, Œdipe*.
3. **Reconnaissances** : péripéties dramatiques par lesquelles se découvre la
   véritable origine d'un personnage.
4. **Diction** : (ici) façon de composer des vers.
5. **Ne laissent pas de confesser** : ne manquent pas de reconnaître.
6. **Plaute** : auteur comique latin (254-184 av. J.-C.), de même que Térence
   (Iᵉʳ siècle av. J.-C.).
7. **Ménandre** : auteur comique grec (342-292 av. J.-C.).

d'invention. Ils ne songent pas qu'au contraire toute l'invention consiste à faire quelque chose de rien, et que tout ce grand nombre d'incidents a toujours été le refuge des poètes
60 qui ne sentaient dans leur génie ni assez d'abondance ni assez de force pour attacher durant cinq actes leurs spectateurs par une action simple, soutenue de la violence des passions, de la beauté des sentiments et de l'élégance de l'expression. Je suis bien éloigné de croire que toutes ces choses se rencontrent
65 dans mon ouvrage ; mais aussi je ne puis croire que le public me sache mauvais gré de lui avoir donné une tragédie qui a été honorée de tant de larmes, et dont la trentième représentation a été aussi suivie que la première.

Ce n'est pas que quelques personnes ne m'aient reproché
70 cette même simplicité que j'avais recherchée avec tant de soin. Ils ont cru qu'une tragédie qui était si peu chargée d'intrigues ne pouvait être selon les règles du théâtre. Je m'informai s'ils se plaignaient qu'elle les eût ennuyés. On me dit qu'ils avouaient tous qu'elle n'ennuyait point, qu'elle les touchait
75 même en plusieurs endroits, et qu'ils la verraient encore avec plaisir. Que veulent-ils davantage ? Je les conjure d'avoir assez bonne opinion d'eux-mêmes pour ne pas croire qu'une pièce qui les touche et qui leur donne du plaisir puisse être absolument contre les règles. La principale règle est de plaire et de
80 toucher, toutes les autres ne sont faites que pour parvenir à cette première. Mais toutes ces règles sont d'un long détail, dont je ne leur conseille pas de s'embarrasser : ils ont des occupations plus importantes. Qu'ils se reposent sur nous de la fatigue d'éclaircir les difficultés de la *Poétique* d'Aristote[1] ;
85 qu'ils se réservent le plaisir de pleurer et d'être attendris ; et qu'ils me permettent de leur dire ce qu'un musicien disait à Philippe, roi de Macédoine, qui prétendait qu'une chanson n'était pas selon les règles : « À Dieu ne plaise, seigneur, que vous soyez jamais si malheureux que de savoir ces choses-là
90 mieux que moi ! »

---

1. **Aristote** : philosophe grec du IVe siècle av. J.-C. qui, dans son ouvrage *La Poétique*, traite de la tragédie.

Voilà tout ce que j'ai à dire à ces personnes à qui je me ferai toujours gloire de plaire ; car, pour le libelle que l'on a fait contre moi, je crois que les lecteurs me dispenseront volontiers d'y répondre. Et que répondrais-je à un homme[1]
95 qui ne pense rien et qui ne sait pas même construire ce qu'il pense ? Il parle de protase[2] comme s'il entendait[3] ce mot, et veut que cette première des quatre parties de la tragédie soit toujours la plus proche de la dernière, qui est la catastrophe. Il se plaint que la trop grande connaissance des règles l'empêche
100 de se divertir à la comédie. Certainement, si l'on en juge par sa dissertation, il n'y eut jamais de plainte plus mal fondée. Il paraît bien qu'il n'a jamais lu Sophocle, qu'il loue très injustement d'« une grande multiplicité d'incidents », et qu'il n'a même jamais rien lu de la *Poétique* que dans quelques préfaces
105 de tragédies. Mais je lui pardonne de ne pas savoir les règles du théâtre, puisque, heureusement pour le public, il ne s'applique pas à ce genre d'écrire. Ce que je ne lui pardonne pas, c'est de savoir si peu les règles de la bonne plaisanterie, lui qui ne veut pas dire un mot sans plaisanter. Croit-il réjouir
110 beaucoup les honnêtes gens par ces « hélas de poche », ces « mesdemoiselles mes règles », et quantité d'autres basses affectations qu'il trouvera condamnées dans tous les bons auteurs, s'il se mêle jamais de les lire ?

Toutes ces critiques sont le partage de quatre ou cinq
115 petits auteurs infortunés qui n'ont jamais pu par eux-mêmes exciter la curiosité du public. Ils attendent toujours l'occasion de quelque ouvrage qui réussisse, pour l'attaquer, non point par jalousie, car sur quel fondement seraient-ils jaloux ? mais dans l'espérance qu'on se donnera la peine de leur répondre,
120 et qu'on les tirera de l'obscurité où leurs propres ouvrages les auraient laissés toute leur vie.

----

1. L'abbé de Villars, auteur d'une *Critique de Bérénice* (1671).
2. Protase : (ici) première partie de la tragédie, donc exposition. Les autres parties sont : l'*épitase* (le nœud), la *catastase* (la péripétie, ou coup de théâtre), et la *catastrophe* (le dénouement).
3. Entendait : comprenait.

LES PERSONNAGES

TITUS	*empereur de Rome.*
BÉRÉNICE	*reine de Palestine.*
ANTIOCHUS	*roi de Comagène[1].*
PAULIN	*confident de Titus.*
ARSACE	*confident d'Antiochus.*
PHÉNICE	*confidente de Bérénice.*
RUTILE	*Romain.*

SUITE DE TITUS.

La scène est à Rome, dans un cabinet[2] qui est entre l'appartement de Titus et celui de Bérénice.

---

1. Royaume situé au nord-est de la Syrie.
2. Cabinet : « bureau, pièce où l'on se retire pour travailler ou converser en particulier » (*Dictionnaire de l'Académie*, 1694).

ACTE PREMIER
SCÈNE PREMIÈRE. ANTIOCHUS, ARSACE.

ANTIOCHUS

Arrêtons un moment. La pompe[1] de ces lieux,
Je le vois bien, Arsace, est nouvelle à tes yeux.
Souvent ce cabinet superbe et solitaire
Des secrets de Titus est le dépositaire.
5 C'est ici quelquefois qu'il se cache à sa cour,
Lorsqu'il vient à la reine expliquer[2] son amour.
De son appartement cette porte est prochaine[3],
Et cette autre conduit dans celui de la reine.
Va chez elle : dis-lui qu'importun à regret,
10 J'ose lui demander un entretien secret.

ARSACE

Vous, Seigneur, importun ? vous, cet ami fidèle
Qu'un soin[4] si généreux[5] intéresse pour elle ?
Vous, cet Antiochus, son amant[6] autrefois ?
Vous, que l'Orient compte entre ses plus grands rois ?
15 Quoi ! déjà de Titus épouse en espérance,
Ce rang entre elle et vous met-il tant de distance ?

ANTIOCHUS

Va, dis-je : et sans vouloir te charger d'autres soins,
Vois si je puis bientôt lui parler sans témoins.

---

1. **Pompe :** éclat, magnificence.
2. **Expliquer :** parler librement de.
3. **Prochaine :** voisine.
4. **Soin(s) :** ici, sollicitude ; v. 17, préoccupation (voir p. 193).
5. **Généreux :** noble (voir p. 192).
6. **Amant :** soupirant (voir p. 192).

SCÈNE 2. ANTIOCHUS, *seul*.

Hé bien ! Antiochus, es-tu toujours le même ?
20 Pourrai-je, sans trembler, lui dire : « Je vous aime » ?
Mais quoi ! déjà je tremble, et mon cœur agité
Craint autant ce moment que je l'ai souhaité.
Bérénice autrefois m'ôta toute espérance ;
Elle m'imposa même un éternel silence.
25 Je me suis tu cinq ans ; et jusques[1] à ce jour,
D'un voile d'amitié j'ai couvert mon amour.
Dois-je croire qu'au rang où Titus la destine
Elle m'écoute mieux que dans la Palestine ?
Il l'épouse. Ai-je donc attendu ce moment
30 Pour me venir encor déclarer son amant ?
Quel fruit me reviendra d'un aveu téméraire[2] ?
Ah ! puisqu'il faut partir, partons sans lui déplaire,
Retirons-nous, sortons, et, sans nous découvrir,
Allons loin de ses yeux l'oublier, ou mourir.
35 Hé quoi ? souffrir toujours un tourment[3] qu'elle ignore ?
Toujours verser des pleurs qu'il faut que je dévore[4] ?
Quoi ? même en la perdant redouter son courroux ?
Belle reine, et pourquoi vous offenseriez-vous ?
Viens-je vous demander que vous quittiez l'empire ?
40 Que vous m'aimiez ? Hélas ! je ne viens que vous dire
Qu'après m'être longtemps flatté[5] que mon rival
Trouverait à ses vœux quelque obstacle fatal,
Aujourd'hui qu'il peut tout, que votre hymen s'avance[6],
Exemple[7] infortuné d'une longue constance,
45 Après cinq ans d'amour et d'espoir superflus,
Je pars, fidèle encor quand je n'espère plus.

---

1. Jusques (v. 25), **encor** (v. 30) : licences orthographiques pour les besoins de la métrique.
2. Téméraire : prononcé à la légère.
3. Tourment : supplice moral.
4. Dévore : ravale (métaphore*).
5. Flatté : bercé d'illusions en croyant.
6. Que votre hymen s'avance : que votre mariage approche.
7. Apposition à « *je* », v. 46.

▬▬ SITUER

Au lever du rideau, le spectateur est projeté au cœur de l'action. Comment le dramaturge nous fait-il entrer dans une intrigue déjà nouée ?

▬▬ RÉFLÉCHIR

DRAMATURGIE : le théâtre et ses conventions

1. Qu'apprend le spectateur dans les scènes 1 et 2 ? Quels sont les objectifs essentiels de ces deux scènes ?

2. Quels éléments semblent ici artificiels ? Quelle est cependant leur utilité sur le plan dramatique* ?

3. L'influence d'Arsace vous paraît-elle importante sur Antiochus ? Pourquoi ? Quelle est en fait sa fonction ?

4. Relevez les termes par lesquels Antiochus se désigne, puis les moyens rhétoriques* qui font de son monologue* un dialogue : pourquoi ces procédés ?

5. Étudiez les modes et les temps des verbes, les types de phrases employés par le héros : l'expression monologue de délibération* est-elle juste pour cette scène ? Pourquoi ?

REGISTRES ET TONALITÉS : des états d'âme contradictoires (scène 2)

6. Quelles émotions dominent dans le monologue d'Antiochus ? Par quels procédés se traduisent-elles ?

7. Quelles sont les différentes valeurs du présent dans cette même tirade* ? En quoi révèlent-elles le désarroi du personnage ?

8. À quoi tient le pathétique* du personnage d'Antiochus ?

THÈMES : la durée et la douleur

9. Relevez les indications de temps dans les deux scènes et classez-les en deux catégories : temps de l'action / époque antérieure. Que remarquez-vous ?

10. En quoi la réunion des thèmes du temps et de la douleur est-elle dramatique ? À quoi le spectateur peut-il s'attendre ?

▬▬ DIRE

11. « La tragédie c'est la solitude », déclare un critique. Commentez et discutez cette affirmation en prenant appui sur le monologue d'Antiochus.

Au lieu de s'offenser, elle pourra me plaindre.
Quoi qu'il en soit, parlons ; c'est assez nous contraindre[1],
Et que peut craindre, hélas ! un amant sans espoir
50 Qui peut bien se résoudre à ne la jamais voir ?

Scène 3. ANTIOCHUS, ARSACE.

ANTIOCHUS

Arsace, entrerons-nous ?

ARSACE

           Seigneur, j'ai vu la reine ;
Mais, pour me faire voir, je n'ai percé qu'à peine[2]
Les flots toujours nouveaux d'un peuple adorateur
Qu'attire sur ses pas sa prochaine grandeur[3].
55 Titus, après huit jours d'une retraite austère,
Cesse enfin de pleurer Vespasien[4] son père.
Cet amant se redonne aux soins de son amour ;
Et, si j'en crois, Seigneur, l'entretien[5] de la cour,
Peut-être avant la nuit l'heureuse Bérénice
60 Change le nom de reine au nom[6] d'impératrice.

ANTIOCHUS

Hélas !

ARSACE

      Quoi ! ce discours pourrait-il vous troubler ?

ANTIOCHUS

Ainsi donc sans témoins je ne lui puis parler ?

---

1. Au silence.
2. **À peine** : avec peine.
3. **Prochaine grandeur** : imminente élévation à une haute dignité.
4. Prédécesseur de Titus à la tête de l'Empire (de 69 à 79 apr. J.-C.).
5. **L'entretien** : les conversations.
6. **Au nom** : en celui.

ARSACE

Vous la verrez, Seigneur ; Bérénice est instruite
Que vous voulez ici la voir seule et sans suite.
65 La reine d'un regard a daigné m'avertir
Qu'à votre empressement elle allait consentir ;
Et sans doute[1] elle attend le moment favorable
Pour disparaître aux yeux d'une cour qui l'accable.

ANTIOCHUS

Il suffit. Cependant n'as-tu rien négligé
70 Des ordres importants dont je t'avais chargé ?

ARSACE

Seigneur, vous connaissez ma prompte obéissance.
Des vaisseaux dans Ostie[2] armés en diligence[3],
Prêts à quitter le port de moments en moments[4],
N'attendent pour partir que vos commandements.
75 Mais qui renvoyez-vous dans votre Comagène[5] ?

ANTIOCHUS

Arsace, il faut partir quand j'aurai vu la reine.

ARSACE

Qui doit partir ?

ANTIOCHUS

Moi.

ARSACE

Vous ?

ANTIOCHUS

En sortant du palais,
Je sors de Rome, Arsace, et j'en sors pour jamais[6].

---

1. **Sans doute :** assurément.
2. Port de Rome.
3. **Armés en diligence :** préparés rapidement.
4. **De moments en moments :** d'un instant à l'autre (pluriel correct au XVIIe siècle).
5. Royaume d'Antiochus, situé au nord-est de la Syrie.
6. **Pour jamais :** pour toujours.

ARSACE

Je suis surpris sans doute, et c'est avec justice.
80 Quoi ! depuis si longtemps la reine Bérénice
Vous arrache, Seigneur, du sein de vos États ;
Depuis trois ans dans Rome elle arrête vos pas ;
Et lorsque cette reine, assurant[1] sa conquête,
Vous attend pour témoin de cette illustre fête ;
85 Quand l'amoureux Titus, devenant son époux,
Lui prépare un éclat qui rejaillit sur vous…

ANTIOCHUS

Arsace, laisse-la jouir de sa fortune[2],
Et quitte[3] un entretien dont le cours m'importune.

ARSACE

Je vous entends[4], Seigneur : ces mêmes dignités
90 Ont rendu Bérénice ingrate à vos bontés.
L'inimitié succède à l'amitié trahie.

ANTIOCHUS

Non, Arsace, jamais je ne l'ai moins haïe.

ARSACE

Quoi donc ? de sa grandeur déjà trop prévenu[5],
Le nouvel empereur vous a-t-il méconnu[6] ?
95 Quelque pressentiment de son indifférence
Vous fait-il loin de Rome éviter sa présence ?

ANTIOCHUS

Titus n'a point pour moi paru se démentir,
J'aurais tort de me plaindre.

---

1. **Assurant** : rendant certaine.
2. **Fortune** : destin, ici heureux (voir p. 192).
3. **Quitte** : cesse.
4. **Entends** : comprends.
5. **De sa grandeur… prévenu** : ébloui par sa dignité impériale.
6. A-t-il cessé de vous reconnaître comme son ami ?

ARSACE

                    Et pourquoi donc partir ?
Quel caprice vous rend ennemi de vous-même ?
100 Le ciel met sur le trône un prince qui vous aime,
Un prince qui jadis, témoin de vos combats,
Vous vit chercher la gloire et la mort sur ses pas,
Et de qui la valeur, par vos soins secondée,
Mit enfin sous le joug la rebelle Judée[1].
105 Il se souvient du jour illustre et douloureux
Qui décida du sort d'un long siège douteux[2].
Sur leurs triples remparts les ennemis tranquilles
Contemplaient sans péril nos assauts inutiles ;
Le bélier[3] impuissant les menaçait en vain :
110 Vous seul, Seigneur, vous seul, une échelle à la main,
Vous portâtes la mort jusque sur leurs murailles.
Ce jour presque éclaira[4] vos propres funérailles :
Titus vous embrassa mourant entre mes bras,
Et tout le camp vainqueur pleura votre trépas.
115 Voici le temps, Seigneur, où vous devez attendre
Le fruit de tant de sang qu'ils vous ont vu répandre.
Si, pressé du désir de revoir vos États,
Vous vous lassez de vivre où vous ne régnez pas,
Faut-il que sans honneur l'Euphrate[5] vous revoie ?
120 Attendez pour partir que César[6] vous renvoie
Triomphant et chargé des titres souverains
Qu'ajoute encore aux rois l'amitié des Romains.
Rien ne peut-il, Seigneur, changer votre entreprise ?
Vous ne répondez point.

_____

1. Région du sud de la Palestine soumise par les Romains.
2. **Douteux** : à l'issue incertaine.
3. **Bélier :** machine de guerre servant à enfoncer les murs ou les portes d'une ville.
4. **Presque éclaira :** faillit voir.
5. Fleuve séparant la Comagène de la Mésopotamie.
6. Titus (depuis Auguste, *César* est devenu le titre de tous les empereurs romains.)

ANTIOCHUS

Que veux-tu que je dise ?
125 J'attends de Bérénice un moment d'entretien.

ARSACE

Hé bien, Seigneur ?

ANTIOCHUS

Son sort décidera du mien.

ARSACE

Comment ?

ANTIOCHUS

Sur son hymen j'attends qu'elle s'explique.
Si sa bouche s'accorde avec la voix publique,
S'il est vrai qu'on l'élève au trône des Césars,
130 Si Titus a parlé, s'il l'épouse, je pars.

ARSACE

Mais qui[1] rend à vos yeux cet hymen si funeste[2] ?

ANTIOCHUS

Quand nous serons partis, je te dirai le reste.

ARSACE

Dans quel trouble, Seigneur, jetez-vous mon esprit !

ANTIOCHUS

La reine vient. Adieu, fais tout ce que j'ai dit.

---

1. **Qui** : qu'est-ce qui.
2. **Funeste** : fatal, qui apporte la mort (voir p. 192).

▪ SITUER

Depuis longtemps amoureux de Bérénice, Antiochus est désespéré par l'imminence de son mariage avec le nouvel empereur. Il a décidé d'avouer son amour à Bérénice. Conserve-t-il un espoir secret ?

▪ RÉFLÉCHIR

DRAMATURGIE : le confident au théâtre

1. Observez les réponses et les réactions d'Arsace aux paroles d'Antiochus. Que remarquez-vous ? Quelle est l'utilité dramatique de cette attitude ?

2. En quoi la tirade d'Arsace complète-t-elle l'exposition (voir p. 46) ?

3. Relevez les renseignements que cette scène nous fournit sur Titus et Bérénice. Quel est l'intérêt dramatique de ce morcellement ? Pourquoi le spectateur reste-t-il prudent vis-à-vis des portraits brossés par Antiochus et Arsace ?

4. Quel schéma actantiel* se dessine peu à peu dans l'esprit du spectateur ? De quelles modifications ce schéma est-il susceptible ?

STRATÉGIES : assauts et esquives

5. Quelles tactiques successives Arsace adopte-t-il (v. 79-96) pour obtenir des explications de son maître ?

6. Quels éléments donnent à son récit (v. 100-114) une tonalité épique* ? Qu'espère-t-il de cette évocation ?

7. Comparez ce retour sur le passé avec la scène 2. Quelle image le spectateur se fait-il d'Antiochus ?

8. Observez les réponses d'Antiochus : comment et pourquoi se dérobe-t-il ?

REGISTRES ET TONALITÉS : les tensions du discours

9. Étudiez les passages de stichomythie* et les vers disloqués. Comment contribuent-ils à renforcer la tension de cette scène ?

10. Relevez et commentez quelques exemples de répétitions qui martèlent les phrases : quel est l'effet recherché ?

11. Étudiez, dans les vers 80-86 et 128-130 les relations entre la structure de la phrase et celle du vers : que remarquez-vous ? Quels sont les effets produits ?

▪ ÉCRIRE

12. En vous appuyant sur une lecture attentive de la scène 3, transformez les répliques d'Arsace en un discours argumenté (une demi-page) destiné à dissuader Antiochus de quitter Rome.

13. Imaginez en une quinzaine de lignes le monologue d'Arsace laissant libre cours à son « trouble » (v. 133).

SCÈNE 4. BÉRÉNICE, ANTIOCHUS, PHÉNICE.

BÉRÉNICE

135 Enfin je me dérobe à la joie importune
De tant d'amis nouveaux que me fait la fortune[1] ;
Je fuis de leurs respects l'inutile longueur,
Pour chercher un ami qui me parle du cœur[2].
Il ne faut point mentir, ma juste impatience
140 Vous accusait déjà de quelque négligence.
Quoi ? cet Antiochus, disais-je, dont les soins
Ont eu tout l'Orient et Rome pour témoins ;
Lui, que j'ai vu toujours constant dans mes traverses[3]
Suivre d'un pas égal mes fortunes diverses ;
145 Aujourd'hui que le ciel semble me présager
Un honneur qu'avec vous je prétends partager,
Ce même Antiochus, se cachant à ma vue,
Me laisse à la merci d'une foule inconnue ?

ANTIOCHUS

Il est donc vrai, Madame ? Et, selon ce discours,
150 L'hymen[4] va succéder à vos longues amours ?

BÉRÉNICE

Seigneur, je vous veux bien confier mes alarmes[5] :
Ces jours ont vu mes yeux baignés de quelques larmes ;
Ce long deuil que Titus imposait à sa cour
Avait même en secret suspendu son amour ;
155 Il n'avait plus pour moi cette ardeur assidue
Lorsqu'il passait[6] les jours attaché sur ma vue.
Muet, chargé de soins et les larmes aux yeux,
Il ne me laissait plus que de tristes adieux.

---

1. **Fortune** : destin (ici favorable) ; au v. 144, *mes fortunes* signifie *les vicissitudes de mon sort.*
2. **Du cœur** : sincèrement.
3. **Traverses** : ce qui fait obstacle, malheurs.
4. **Hymen** : mariage.
5. **Alarmes** : inquiétudes.
6. **Lorsqu'il passait** : qu'il avait lorsqu'il passait.

Jugez de ma douleur, moi dont l'ardeur extrême,
160 Je vous l'ai dit cent fois, n'aime en lui que lui-même ;
Moi qui, loin des grandeurs dont il est revêtu,
Aurais choisi son cœur et cherché sa vertu[1].

ANTIOCHUS

Il a repris pour vous sa tendresse première ?

BÉRÉNICE

Vous fûtes spectateur de cette nuit dernière,
165 Lorsque, pour seconder ses soins religieux,
Le sénat a placé son père entre les dieux[2].
De ce juste devoir sa piété contente[3]
A fait place, Seigneur, au soin de son amante[4] ;
Et même en ce moment, sans qu'il m'en ait parlé,
170 Il est dans le sénat, par son ordre assemblé.
Là, de la Palestine il étend la frontière ;
Il y joint l'Arabie et la Syrie entière[5] ;
Et, si de ses amis j'en dois croire la voix,
Si j'en crois ses serments redoublés mille fois,
175 Il va sur tant d'États couronner Bérénice,
Pour joindre à plus de noms le nom d'impératrice.
Il m'en viendra lui-même assurer en ce lieu.

ANTIOCHUS

Et je viens donc vous dire un éternel adieu.

BÉRÉNICE

Que dites-vous ? Ah ! ciel ! quel adieu ! quel langage !
180 Prince, vous vous troublez et changez de visage !

ANTIOCHUS

Madame, il faut partir.

---

1. **Vertu** : courage, valeur morale.
2. Le sénat a décrété l'apothéose de Vespasien après sa mort, c'est-à-dire son accession au rang des dieux.
3. **Contente** : satisfaite.
4. **Amante** : celle qu'il aime et qui l'aime.
5. Titus agrandit ainsi le royaume de Bérénice.

BÉRÉNICE

Quoi ? ne puis-je savoir

Quel sujet...

ANTIOCHUS *(à part).*
Il fallait partir sans la revoir.

BÉRÉNICE

Que craignez-vous ? Parlez, c'est trop longtemps se taire.
Seigneur, de ce départ quel est donc le mystère ?

ANTIOCHUS

185 Au moins souvenez-vous que je cède à vos lois[1],
Et que vous m'écoutez pour la dernière fois.
Si, dans ce haut degré de gloire et de puissance,
Il vous souvient des lieux où vous prîtes naissance,
Madame, il vous souvient que mon cœur en ces lieux
190 Reçut le premier trait[2] qui partit de vos yeux :
J'aimai. J'obtins l'aveu[3] d'Agrippa votre frère,
Il vous parla pour moi. Peut-être sans colère
Alliez-vous de mon cœur recevoir le tribut[4] ;
Titus, pour mon malheur, vint, vous vit et vous plut.
195 Il parut devant vous dans tout l'éclat d'un homme
Qui porte entre ses mains la vengeance de Rome.
La Judée[5] en pâlit. Le triste[6] Antiochus
Se compta le premier au nombre des vaincus.
Bientôt, de mon malheur interprète sévère,
200 Votre bouche à la mienne ordonna de se taire.
Je disputai[7] longtemps, je fis parler mes yeux ;
Mes pleurs et mes soupirs vous suivaient en tous lieux.
Enfin votre rigueur emporta la balance[8] ;
Vous sûtes m'imposer l'exil ou le silence.

---

1. **Lois** : ordres.
2. **Trait** : coup (métaphore).
3. **Aveu** : consentement.
4. **Tribut** : hommage.
5. **Judée** : voir p. 33 note 1.
6. **Triste** : malheureux.
7. **Disputai** : combattis.
8. **Balance** : décision.

205 Il fallut le promettre, et même le jurer.
    Mais, puisqu'en ce moment j'ose me déclarer,
    Lorsque vous m'arrachiez cette injuste promesse,
    Mon cœur faisait serment de vous aimer sans cesse.

BÉRÉNICE

Ah ! que me dites-vous ?

ANTIOCHUS

                    Je me suis tu cinq ans,
210 Madame, et vais encor[1] me taire plus longtemps.
    De mon heureux rival j'accompagnai les armes ;
    J'espérai de[2] verser mon sang après mes larmes,
    Ou qu'au moins, jusqu'à vous porté par mille exploits,
    Mon nom[3] pourrait parler, au défaut de ma voix.
215 Le ciel sembla promettre une fin à ma peine :
    Vous pleurâtes ma mort, hélas ! trop peu certaine.
    Inutiles périls ! Quelle était mon erreur !
    La valeur de Titus surpassait ma fureur[4].
    Il faut qu'à sa vertu mon estime réponde.
220 Quoique attendu, Madame, à l'empire du monde[5],
    Chéri de l'univers, enfin aimé de vous,
    Il semblait à lui seul appeler tous les coups,
    Tandis que, sans espoir, haï, lassé de vivre,
    Son malheureux rival ne semblait que le suivre.
225 Je vois que votre cœur m'applaudit en secret :
    Je vois que l'on m'écoute avec moins de regret,
    Et que, trop attentive à ce récit funeste,
    En faveur de Titus vous pardonnez le reste.
    Enfin, après un siège aussi cruel[6] que lent,
230 Il dompta les mutins, reste pâle et sanglant
    Des flammes, de la faim, des fureurs intestines,

---

1. **Encor** : voir p. 28 note 1.
2. Construction archaïque du verbe.
3. **Nom** : renommée.
4. **Fureur** : ici, folie guerrière ; au v. 231, *fureurs* signifie *agitation violente*.
5. **Attendu à l'empire du monde** : destiné à gouverner le monde.
6. **Cruel** : sanglant.

Et laissa leurs remparts cachés sous leurs ruines.
Rome vous vit, Madame, arriver avec lui.
Dans l'Orient désert quel devint mon ennui[1] !
235 Je demeurai longtemps errant dans Césarée[2],
Lieux charmants[3] où mon cœur vous avait adorée.
Je vous redemandais à vos tristes États ;
Je cherchais en pleurant les traces de vos pas.
Mais enfin, succombant[4] à ma mélancolie,
240 Mon désespoir tourna mes pas vers l'Italie ;
Le sort m'y réservait le dernier de ses coups :
Titus en m'embrassant m'amena devant vous.
Un voile d'amitié vous trompa l'un et l'autre,
Et mon amour devint le confident du vôtre.
245 Mais toujours quelque espoir flattait mes déplaisirs[5].
Rome, Vespasien traversaient[6] vos soupirs.
Après tant de combats, Titus cédait peut-être.
Vespasien est mort, et Titus est le maître.
Que ne fuyais-je alors ! J'ai voulu quelques jours
250 De son nouvel empire examiner le cours.
Mon sort est accompli. Votre gloire s'apprête.
Assez d'autres, sans moi, témoins de cette fête,
À vos heureux transports[7] viendront joindre les leurs ;
Pour moi, qui ne pourrais y mêler que des pleurs,
255 D'un inutile amour trop constante victime,
Heureux dans mes malheurs d'en avoir pu sans crime
Conter toute l'histoire aux yeux qui les ont faits,
Je pars plus amoureux que je ne fus jamais.

---

1. **Ennui :** tourment, chagrin.
2. **Capitale du royaume de Bérénice.**
3. **Charmants :** qui ensorcellent.
4. **Succombant :** apposition à « je », sous-entendu dans « mon »,
   v. 240.
5. **Flattait mes déplaisirs :** me donnait des illusions malgré mes
   souffrances.
6. **Traversaient vos soupirs :** faisaient obstacle à votre amour.
7. **Transports :** manifestations de joie.

BÉRÉNICE

Seigneur, je n'ai pas cru[1] que, dans une journée
260 Qui doit avec César[2] unir ma destinée,
Il fût quelque mortel qui pût impunément
Se venir à mes yeux déclarer mon amant[3].
Mais de mon amitié mon silence est un gage :
J'oublie en sa faveur un discours qui m'outrage.
265 Je n'en ai point troublé le cours injurieux ;
Je fais plus : à regret je reçois vos adieux.
Le ciel sait qu'au milieu des honneurs qu'il m'envoie,
Je n'attendais que vous pour témoin de ma joie.
Avec tout l'univers j'honorais vos vertus[4].
270 Titus vous chérissait, vous admiriez Titus.
Cent fois je me suis fait une douceur extrême
D'entretenir Titus dans un autre lui-même.

ANTIOCHUS

Et c'est ce que je fuis. J'évite, mais trop tard,
Ces cruels entretiens où je n'ai point de part.
275 Je fuis Titus. Je fuis ce nom qui m'inquiète[5],
Ce nom qu'à tous moments votre bouche répète.
Que vous dirai-je enfin ? Je fuis des yeux distraits
Qui me voyant toujours, ne me voyaient jamais.
Adieu. Je vais, le cœur trop plein de votre image,
280 Attendre, en vous aimant, la mort pour mon partage.
Surtout ne craignez point qu'une aveugle douleur
Remplisse l'univers du bruit[6] de mon malheur,
Madame ; le seul bruit d'une mort que j'implore
Vous fera souvenir que je vivais encore.
285 Adieu.

---

1. **Je n'ai pas cru :** je n'aurais pas cru.
2. Titus. Voir p. 33 note 6.
3. **Amant :** amoureux.
4. **Vertus :** qualités.
5. **M'inquiète :** m'enlève le repos de l'âme.
6. **Bruit :** rumeur.

SITUER

Les efforts d'Arsace pour rappeler à Antiochus ses mérites et sa gloire ont été vains. Le héros malheureux s'en tient à sa décision : quitter Rome après un ultime entretien avec Bérénice. Cet entêtement reste mystérieux pour le confident, mais non pour le spectateur...

RÉFLÉCHIR

STRUCTURE : l'impossible dialogue

1. Quelle est l'idée fixe de Bérénice dans cette scène ? et celle d'Antiochus ? Pourquoi, malgré cette divergence, les personnages se ressemblent-ils ?

2. Observez l'enchaînement des répliques. En quoi est-il souvent incohérent ? Que nous révèle-t-il sur la qualité du dialogue des deux personnages ?

3. À quel moment s'instaure entre eux un véritable échange ? Justifiez votre réponse. Cet échange est-il durable ? Pourquoi ?

4. À partir de vos réponses aux questions précédentes, déterminez l'organisation de la scène.

QUI PARLE ? QUI VOIT ? la tirade d'Antiochus

5. Relevez les indications de lieu et l'emploi des temps passés : comment s'organise la tirade (v. 185-258) ?

6. Dans cette même tirade, faites la part du récit et des commentaires. Quelle fonction Antiochus assigne-t-il à ces commentaires ? et le dramaturge ?

7. Comparez le récit d'Antiochus dans les vers 211 à 234 avec celui d'Arsace à la scène 3 (v. 100-114). Font-ils double emploi ? Pourquoi ?

PERSONNAGES : Bérénice entre l'amour et l'amitié

8. Relevez dans le discours de Bérénice les termes qui désignent Antiochus et les sentiments qu'elle éprouve pour lui ; même consigne pour Titus. En quoi la comparaison est-elle révélatrice ?

9. Étudiez la réponse de Bérénice à l'aveu d'Antiochus (v. 259-272) : y voyez-vous de la hauteur ? de la magnanimité ? de la cruauté ? Justifiez vos réponses.

ÉCRIRE

10. Antiochus est jaloux de Titus : en quoi est-il cependant exceptionnel ? Vous répondrez à cette question dans un développement rédigé et illustré qui s'appuiera sur la comparaison et la confrontation de ce personnage avec d'autres jaloux de Racine (Hermione dans *Andromaque*, Roxane dans *Bajazet*, Phèdre).

SCÈNE 5. BÉRÉNICE, PHÉNICE.

PHÉNICE

Que je le plains ! Tant de fidélité,
Madame, méritait plus de prospérité.
Ne le plaignez-vous pas ?

BÉRÉNICE

Cette prompte retraite
Me laisse, je l'avoue, une douleur secrète.

PHÉNICE

Je l'aurais retenu.

BÉRÉNICE

Qui ? moi ? le retenir ?
290 J'en dois perdre plutôt jusques[1] au souvenir.
Tu veux donc que je flatte[2] une ardeur insensée ?

PHÉNICE

Titus n'a point encore expliqué sa pensée.
Rome vous voit, Madame, avec des yeux jaloux ;
La rigueur de ses lois m'épouvante pour vous :
295 L'hymen chez les Romains n'admet qu'une Romaine ;
Rome hait tous les rois, et Bérénice est reine.

BÉRÉNICE

Le temps n'est plus, Phénice, où je pouvais trembler.
Titus m'aime, il peut tout, il n'a plus qu'à parler.
Il verra le sénat m'apporter ses hommages,
300 Et le peuple de fleurs couronner ses images[3].
De cette nuit, Phénice, as-tu vu la splendeur ?
Tes yeux ne sont-ils pas tout pleins de sa grandeur ?
Ces flambeaux, ce bûcher[4], cette nuit enflammée,

---

1. Jusques : voir p. 28 note 1.
2. Flatte : trompe en lui donnant de faux espoirs.
3. Images : portraits.
4. Bûcher : où l'on a brûlé le corps de Vespasien.

Ces aigles, ces faisceaux[1], ce peuple, cette armée,
305 Cette foule de rois, ces consuls, ce sénat,
Qui tous de mon amant empruntaient leur éclat ;
Cette pourpre[2], cet or, que rehaussait sa gloire,
Et ces lauriers encor témoins[3] de sa victoire ;
Tous ces yeux qu'on voyait venir de toutes parts
310 Confondre[4] sur lui seul leurs avides regards ;
Ce port majestueux, cette douce présence.
Ciel ! avec quel respect et quelle complaisance
Tous les cœurs en secret l'assuraient de leur foi[5] !
Parle : peut-on le voir sans penser, comme moi,
315 Qu'en quelque obscurité que le sort l'eût fait naître,
Le monde en le voyant eût reconnu son maître ?
Mais, Phénice, où m'emporte un souvenir charmant[6] ?
Cependant Rome entière, en ce même moment,
Fait des vœux pour Titus, et par des sacrifices,
320 De son règne naissant célèbre les prémices[7].
Que[8] tardons-nous ? Allons, pour son empire heureux[9],
Au ciel qui le protège offrir aussi nos vœux.
Aussitôt, sans l'attendre, et sans être attendue,
Je reviens le chercher, et dans cette entrevue
325 Dire tout ce qu'aux cœurs l'un de l'autre contents
Inspirent des transports[10] retenus si longtemps.

----

1. **Aigles :** enseignes militaires romaines. – **Faisceaux :** emblème du pouvoir à Rome ; assemblage de verges autour du manche d'une hache, lié par une courroie de cuir rouge.
2. **Pourpre :** ornements de couleur pourpre, symboles du pouvoir impérial.
3. **Témoins :** preuves.
4. **Confondre :** faire converger.
5. **Foi :** fidélité.
6. **Charmant :** envoûtant.
7. **Prémices :** débuts heureux.
8. **Que :** pourquoi.
9. **Pour son empire heureux :** pour que son empire soit heureux.
10. **Transports :** manifestations d'amour.

...

■ SITUER

Est-ce Antiochus qui a fui ou Bérénice qui l'a congédié ? Cet amant infortuné n'a pas de place dans un cœur rempli de Titus. Les réticences de Phénice vont-elles ébranler la confiance de Bérénice ?

■ RÉFLÉCHIR

QUI PARLE ? QUI VOIT ? incrédulité et incertitude

1. Phénice fait part de ses craintes à Bérénice : quelles sont-elles ? Quel crédit la reine accorde-t-elle aux propos de sa confidente ? et le spectateur ?

2. Comment s'exprime l'assurance de Bérénice dans sa tirade (v. 297 à 326) ? Cette présomption la rend-elle touchante ou antipathique ? Justifiez votre réponse.

3. Comparez les vers 135-177 aux vers 296-326. Quel effet le dramaturge recherche-t-il par le mélange du doute et des certitudes en cette fin d'acte ?

GENRES : un récit halluciné

4. Étudiez dans la tirade de Bérénice (v. 301-316) le champ lexical* du regard puis l'expression de l'unanimité et de la convergence. Qui est le centre de la scène décrite ? Est-ce normal ? Pourquoi ?

5. Relevez les termes qui évoquent l'ombre et la lumière. Quelles remarques faites-vous ? Quelle dimension symbolique ces deux notions acquièrent-elles dans la bouche de Bérénice ?

6. Étudiez les procédés d'amplification*. Quel est l'effet produit ?

7. Bérénice était-elle obligée de raconter la scène à Phénice ? Pourquoi ? Quel est alors l'intérêt de son récit ?

MISE EN SCÈNE : faire voir la vision

8. Relevez, dans la tirade de Bérénice, les indices de la présence de Phénice ; comment mettriez-vous en scène cette présence ?

9. Pour Jean Starobinski, le regard de Bérénice dans cette nuit splendide est « un moment originel, où la fatalité prend naissance ». Cette affirmation vous paraît-elle déjà justifiée ? Pourquoi ? Dans cette perspective, quels gestes feriez-vous faire à Bérénice ?

■ ÉCRIRE

10. Faites du récit de Bérénice (v. 301-317) un commentaire composé qui étudie l'opposition ombre/lumière, le thème du regard et la manière dont les sentiments du personnage transfigurent la réalité.

DRAMATURGIE : la mise en place des rouages de l'action
Pour être complète et réussie, une exposition* doit répondre à deux critères : renseigner le spectateur sur la situation initiale de l'intrigue (lieu, temps, personnages…), mais aussi susciter son intérêt pour la suite, et donc éveiller sa curiosité.
1. Reproduisez et remplissez le tableau suivant, puis dites si l'acte I répond à ces exigences :

Scène	Renseignements obtenus	Interrogations suscitées

2. Le thème principal de l'action dans ce premier acte est le mariage de Titus et Bérénice. Les personnages insistent sur son imminence. Quels sont les deux obstacles (politique et amoureux) qui rendent néanmoins sa conclusion aléatoire ? Par la bouche de quels personnages sont-ils exprimés ?
3. Chez Racine, la politique et l'amour sont souvent étroitement liés dans le conflit tragique. Quels rapports de pouvoir observez-vous dans ce premier acte ? En quoi vous paraissent-ils déterminants pour la suite de l'intrigue amoureuse ?
4. Une intrigue dramatique se compose communément de deux fils : l'action principale et l'action (ou les actions) secondaire(s). Quelle paraît être l'intrigue principale au terme de l'acte I ? et l'intrigue secondaire ? Pourquoi ce choix de Racine ?
5. Au lever du rideau, la menace tragique pèse sur Antiochus, amant secret, malheureux et tourmenté. Quel élément nouveau apporté par l'acte I modifie cette menace ?

PERSONNAGES : des protagonistes contrastés
L'entrée en scène, la présence ou l'absence des personnages répondent à des exigences dramatiques soigneusement réfléchies.
6. Étudiez la place respective d'Antiochus et de Bérénice dans ce premier acte (présence sur scène, importance et contenu des répliques, voir p. 150) : qui paraît être le protagoniste* essentiel de la tragédie ? Quelle est l'utilité dramatique de cette anomalie ?

7. Contrairement aux autres amoureux éconduits de Racine, Antiochus ne manifeste ni haine ni colère. En quoi cela peut-il compromettre un dénouement tragique classique ?

8. En un paragraphe rédigé, tracez le portrait psychologique de Bérénice en vous appuyant sur le texte et en utilisant au moins trois des adjectifs suivants : aveugle, altière, présomptueuse, généreuse, sensible, cruelle.

9. Titus n'apparaît pas dans l'acte I. Le dramaturge a choisi de retarder son entrée en scène et de le présenter par le biais des autres personnages qui nous livrent successivement des bribes de son portrait. Quels sont les intérêts de ce procédé ?

GENRES : les conventions de la tragédie
Il est parfois nécessaire d'évoquer pour le spectateur des événements impossibles à représenter sur scène ; le récit se substitue alors à l'action.

10. Faites la synthèse des différents récits de ce premier acte. Ont-ils uniquement une valeur informative ? Quelle(s) autre(s) valeur(s) peuvent-ils avoir ?

11. Le poids du passé est déterminant dans la tragédie, et le thème du souvenir, lointain ou récent, est important en ce début d'intrigue. Quels en sont les rôles dramatiques* et psychologiques ?

ÉCRIRE

12. Rédigez un dialogue théâtral dans lequel Arsace et Phénice échangent leurs craintes et leurs espoirs pour l'avenir de leurs maîtres respectifs.

ACTE II

SCÈNE PREMIÈRE. TITUS, PAULIN, SUITE.

TITUS

A-t-on vu de ma part le roi de Comagène ?
Sait-il que je l'attends ?

PAULIN

             J'ai couru chez la reine.
Dans son appartement ce prince avait paru ;
330 Il en était sorti lorsque j'y suis couru[1] ;
De vos ordres, Seigneur, j'ai dit qu'on l'avertisse.

TITUS

Il suffit. Et que fait la reine Bérénice ?

PAULIN

La reine, en ce moment, sensible à vos bontés,
Charge le ciel de vœux pour vos prospérités.
335 Elle sortait, Seigneur.

TITUS

             Trop aimable princesse !
Hélas !

PAULIN

           En sa faveur d'où naît cette tristesse ?
L'Orient presque entier va fléchir sous sa loi :
Vous la plaignez ?

TITUS

           Paulin, qu'on vous laisse avec moi.

---

1. **J'y suis couru :** j'y suis arrivé.

SCÈNE 2. TITUS, PAULIN.

TITUS

Hé bien, de mes desseins Rome encore incertaine
340 Attend que[1] deviendra le destin de la reine,
Paulin ; et les secrets de son cœur et du mien
Sont de tout l'univers devenus l'entretien.
Voici le temps[2] enfin qu'il faut que je m'explique.
De la reine et de moi que dit la voix publique ?
345 Parlez : qu'entendez-vous ?

PAULIN

                           J'entends de tous côtés
Publier vos vertus[3], Seigneur, et ses beautés.

TITUS

Que dit-on des soupirs que je pousse pour elle ?
Quel succès[4] attend-on d'un amour si fidèle ?

PAULIN

Vous pouvez tout : aimez, cessez d'être amoureux,
350 La cour sera toujours du parti de vos vœux.

TITUS

Et je l'ai vue aussi cette cour peu sincère,
À ses maîtres toujours trop soigneuse[5] de plaire,
Des crimes de Néron[6] approuver les horreurs ;
Je l'ai vue à genoux consacrer ses fureurs[7].
355 Je ne prends point pour juge une cour idolâtre,
Paulin : je me propose un plus noble théâtre,

---

1. **Que :** ce que.
2. Voici venu le moment de m'expliquer.
3. **Publier vos vertus :** louer publiquement votre valeur.
4. **Succès :** issue.
5. **Soigneuse :** préoccupée.
6. Empereur romain (54-68 apr. J.-C.) resté célèbre pour ses crimes monstrueux.
7. **Consacrer ses fureurs :** honorer ses folies.

Et, sans prêter l'oreille à la voix des flatteurs,
Je veux par votre bouche entendre tous les cœurs.
Vous me l'avez promis. Le respect et la crainte
360 Ferment autour de moi le passage à la plainte ;
Pour mieux voir, cher Paulin, et pour entendre mieux,
Je vous ai demandé des oreilles, des yeux ;
J'ai mis même à ce prix mon amitié secrète :
J'ai voulu que des cœurs vous fussiez l'interprète ;
365 Qu'au travers des flatteurs votre sincérité
Fît toujours jusqu'à moi passer la vérité.
Parlez donc. Que faut-il que Bérénice espère ?
Rome lui sera-t-elle indulgente ou sévère ?
Dois-je croire qu'assise au trône des Césars
370 Une si belle reine offensât[1] ses regards ?

PAULIN

N'en doutez point, Seigneur. Soit raison, soit caprice,
Rome ne l'attend point pour son impératrice.
On sait qu'elle est charmante ; et de si belles mains
Semblent vous demander l'empire des humains ;
375 Elle a même, dit-on, le cœur d'une Romaine ;
Elle a mille vertus. Mais, Seigneur, elle est reine.
Rome, par une loi qui ne se peut changer,
N'admet avec son sang aucun sang étranger
Et ne reconnaît point les fruits illégitimes
380 Qui naissent d'un hymen contraire à ses maximes[2].
D'ailleurs, vous le savez, en bannissant ses rois,
Rome à ce nom, si noble et si saint autrefois,
Attacha pour jamais une haine puissante ;
Et quoiqu'à ses Césars fidèle, obéissante[3],
385 Cette haine, Seigneur, reste de sa fierté,
Survit dans tous les cœurs après la liberté[4].

---

1. Offensât : offenserait ; imparfait du subjonctif à valeur conditionnelle.
2. Maximes : principes politiques.
3. Fidèle, obéissante : apposition à « *Rome* », v. 382.
4. Après la perte de la liberté, c'est-à-dire depuis la fin de la République et le commencement de l'Empire.

Jules[1], qui le premier la soumit à ses armes,
Qui fit taire les lois dans le bruit des alarmes[2],
Brûla pour Cléopâtre, et, sans se déclarer,
390 Seule dans l'Orient la laissa soupirer.
Antoine[3], qui l'aima jusqu'à l'idolâtrie,
Oublia dans son sein sa gloire et sa patrie,
Sans oser toutefois se nommer son époux :
Rome l'alla chercher jusques[4] à ses genoux
395 Et ne désarma point sa fureur vengeresse
Qu'[5]elle n'eût accablé l'amant et la maîtresse.
Depuis ce temps, Seigneur, Caligula[6], Néron,
Monstres dont à regret je cite ici le nom,
Et qui, ne conservant que la figure d'homme,
400 Foulèrent à leurs pieds toutes les lois de Rome,
Ont craint cette loi seule, et n'ont point à nos yeux
Allumé le flambeau d'un hymen odieux[7].
Vous m'avez commandé surtout d'être sincère.
De l'affranchi Pallas[8] nous avons vu le frère,
405 Des fers de Claudius Félix[9] encor flétri,
De deux reines, Seigneur, devenir le mari ;
Et, s'il faut jusqu'au bout que je vous obéisse,
Ces deux reines étaient du sang de Bérénice.
Et vous croiriez pouvoir, sans blesser nos regards,

---

1. **Jules César** (100-44 av. J.-C.), amant de Cléopâtre, dont il eut un fils.
   – **Cléopâtre :** célèbre reine d'Égypte (69-30 av. J.-C.), aimée de César puis d'Antoine.
2. **Alarmes :** ici, les attaques ennemies et les craintes qu'elles suscitent.
3. Après la mort de César, Antoine reçut l'Orient en partage ; il devint à son tour l'amant de Cléopâtre dont il eut trois enfants.
4. **Jusques :** voir p. 28 note 1.
5. **Qu' :** avant qu'.
6. Empereur romain de 37 à 41 apr. J.-C. ; devenu fou à la suite d'une grave maladie, il commit des crimes épouvantables.
7. Ces empereurs criminels ne sont cependant jamais allés jusqu'à contracter un mariage infamant.
8. Ancien esclave devenu le favori de l'empereur Claude.
9. Antonius Félix, frère de Pallas, esclave puis affranchi de l'empereur Claude (ou Claudius), devint ensuite procurateur de Judée et épousa une ou plusieurs reines, selon les versions, dont la sœur de Bérénice.

410 Faire entrer une reine au lit de nos Césars,
Tandis que l'Orient dans le lit de ses reines
Voit passer un esclave au sortir de nos chaînes ?
C'est ce que les Romains pensent de votre amour :
Et je ne réponds pas[1], avant la fin du jour,
415 Que le sénat, chargé des vœux de tout l'Empire,
Ne vous redise ici ce que je viens de dire ;
Et que Rome avec lui, tombant à vos genoux,
Ne vous demande un choix digne d'elle et de vous.
Vous pouvez préparer, Seigneur, votre réponse.

TITUS

420 Hélas ! à quel amour on veut que je renonce !

PAULIN

Cet amour est ardent, il le faut confesser.

TITUS

Plus ardent mille fois que tu ne peux penser,
Paulin. Je me suis fait un plaisir nécessaire
De la voir chaque jour, de l'aimer, de lui plaire.
425 J'ai fait plus. Je n'ai rien de secret à tes yeux :
J'ai pour elle cent fois rendu grâces aux dieux
D'avoir choisi mon père au fond de l'Idumée[2],
D'avoir rangé sous lui l'Orient et l'armée,
Et, soulevant encor le reste des humains,
430 Remis Rome sanglante en ses paisibles mains[3].
J'ai même souhaité la place de mon père,
Moi, Paulin, qui cent fois, si le sort moins sévère
Eût voulu de sa vie étendre les liens[4],
Aurais donné mes jours pour prolonger les siens :
435 Tout cela (qu'un amant sait mal ce qu'il désire !)

---

1. **Je ne réponds pas** : je ne garantis pas.
2. Région située au sud de la Palestine.
3. Vespasien rétablit l'ordre à Rome après une période troublée qui vit la succession de quatre empereurs en moins d'un an.
4. **De sa vie étendre les liens** : prolonger les fils de sa destinée, c'est-à-dire sa vie.

Dans l'espoir d'élever Bérénice à l'empire,
De reconnaître un jour son amour et sa foi[1],
Et de voir à ses pieds tout le monde avec moi.
   Malgré tout mon amour, Paulin, et tous ses charmes,
440 Après mille serments appuyés de mes larmes,
Maintenant que je puis couronner tant d'attraits,
Maintenant que je l'aime encor plus que jamais,
Lorsqu'un heureux hymen, joignant nos destinées,
Peut payer en un jour les vœux de cinq années,
445 Je vais, Paulin… Ô ciel ! puis-je le déclarer ?

PAULIN

Quoi, Seigneur ?

TITUS

        Pour jamais je vais m'en séparer.
Mon cœur en ce moment[2] ne vient pas de se rendre.
Si je t'ai fait parler, si j'ai voulu t'entendre,
Je voulais que ton zèle achevât en secret
450 De confondre[3] un amour qui se tait à regret.
Bérénice a longtemps balancé[4] la victoire ;
Et si je penche enfin du côté de ma gloire[5],
Crois qu'il m'en a coûté, pour vaincre tant d'amour,
Des combats dont mon cœur saignera plus d'un jour.
455 J'aimais, je soupirais dans une paix profonde :
Un autre était chargé de l'empire du monde.
Maître de mon destin, libre de mes soupirs,
Je ne rendais qu'à moi compte de mes désirs.
Mais à peine le ciel eut rappelé mon père,
460 Dès que ma triste main eut fermé sa paupière,
De mon aimable[6] erreur je fus désabusé :
Je sentis le fardeau qui m'était imposé ;

---

1. De marquer ma reconnaissance pour sa fidélité.
2. **En ce moment :** à l'instant.
3. **Confondre :** anéantir, réduire au silence.
4. **Balancé :** rendu incertaine.
5. **Gloire :** honneur.
6. **Aimable :** agréable.

Je connus[1] que bientôt, loin d'être à ce que j'aime,
Il fallait, cher Paulin, renoncer à moi-même ;
465 Et que le choix des dieux, contraire à mes amours,
Livrait à l'univers le reste de mes jours.
Rome observe aujourd'hui ma conduite nouvelle.
Quelle honte pour moi, quel présage pour elle,
Si dès le premier pas, renversant tous ses droits,
470 Je fondais mon bonheur sur le débris[2] des lois !
Résolu d'accomplir ce cruel sacrifice,
J'y voulus préparer la triste[3] Bérénice ;
Mais par où commencer ? Vingt fois, depuis huit jours,
J'ai voulu devant elle en ouvrir le discours ;
475 Et, dès le premier mot, ma langue embarrassée
Dans ma bouche vingt fois a demeuré glacée.
J'espérais que du moins mon trouble et ma douleur
Lui ferait[4] pressentir notre commun malheur ;
Mais sans me soupçonner, sensible à mes alarmes[5],
480 Elle m'offre sa main pour essuyer mes larmes,
Et ne prévoit rien moins dans cette obscurité[6]
Que la fin d'un amour qu'elle a trop mérité.
Enfin j'ai ce matin rappelé ma constance :
Il faut la voir, Paulin, et rompre le silence.
485 J'attends Antiochus pour lui recommander
Ce dépôt précieux que je ne puis garder :
Jusque dans l'Orient je veux qu'il la remène[7].
Demain Rome avec lui verra partir la reine.
Elle en sera bientôt instruite par ma voix ;
490 Et je vais lui parler pour la dernière fois.

PAULIN

Je n'attendais pas moins de cet amour de gloire
Qui partout après vous attacha la victoire.

––––––––––––––––

1. **Connus** : pris conscience.
2. **Débris** : action de briser, ruine.
3. **Triste** : dont le sort est funeste.
4. Accord avec le sujet le plus proche, courant au XVIIᵉ siècle.
5. **Alarmes** : angoisses.
6. **Obscurité** : aveuglement.
7. **Remène** : ramène ; forme correcte au XVIIᵉ siècle.

La Judée asservie et ses remparts fumants,
De cette noble ardeur éternels monuments[1],
495 Me répondaient assez que votre grand courage
Ne voudrait pas, Seigneur, détruire son ouvrage ;
Et qu'un héros vainqueur de tant de nations
Saurait bien, tôt ou tard, vaincre ses passions.

TITUS

Ah ! que sous de beaux noms cette gloire est cruelle !
500 Combien mes tristes yeux la trouveraient plus belle,
S'il ne fallait encor qu'affronter le trépas !
Que dis-je ? Cette ardeur que j'ai pour ses appas[2],
Bérénice en mon sein l'a jadis allumée.
Tu ne l'ignores pas : toujours la renommée
505 Avec le même éclat n'a pas semé mon nom ;
Ma jeunesse, nourrie[3] à la cour de Néron,
S'égarait, cher Paulin, par l'exemple abusée,
Et suivait du plaisir la pente trop aisée.
Bérénice me plut. Que ne fait point un cœur
510 Pour plaire à ce qu'il aime et gagner son vainqueur ?
Je prodiguai mon sang ; tout fit place à mes armes.
Je revins triomphant. Mais le sang et les larmes
Ne me suffisaient pas pour mériter ses vœux[4].
J'entrepris le bonheur de mille malheureux.
515 On vit de toutes parts mes bontés se répandre :
Heureux, et plus heureux que tu ne peux comprendre,
Quand je pouvais paraître à ses yeux satisfaits
Chargé de mille cœurs conquis par mes bienfaits.
Je lui dois tout, Paulin. Récompense cruelle !
520 Tout ce que je lui dois va retomber sur elle.
Pour prix de tant de gloire et de tant de vertus,
Je lui dirai : « Partez, et ne me voyez plus. »

---

1. **Monuments :** ce qui perpétue le souvenir.
2. **Ses appas :** ses charmes (ceux de la gloire).
3. **Nourrie :** élevée.
4. **Ses vœux :** son amour.

PAULIN

Hé quoi ! Seigneur, hé quoi ! cette magnificence
Qui va jusqu'à l'Euphrate[1] étendre sa puissance,
525 Tant d'honneurs, dont l'excès a surpris le sénat,
Vous laissent-ils encor craindre le nom d'ingrat ?
Sur cent peuples nouveaux Bérénice commande.

TITUS

Faibles amusements[2] d'une douleur si grande !
Je connais Bérénice et ne sais que trop bien
530 Que son cœur n'a jamais demandé que le mien.
Je l'aimai, je lui plus. Depuis cette journée
(Dois-je dire funeste, hélas ! ou fortunée ?),
Sans avoir en aimant d'objet[3] que son amour,
Étrangère dans Rome, inconnue à la cour,
535 Elle passe ses jours, Paulin, sans rien prétendre[4]
Que quelque heure à me voir et le reste à m'attendre.
Encor si quelquefois un peu moins assidu
Je passe[5] le moment où je suis attendu,
Je la revois bientôt de pleurs toute trempée.
540 Ma main à les sécher est longtemps occupée.
Enfin tout ce qu'amour a de nœuds plus puissants[6],
Doux reproches, transports sans cesse renaissants,
Soin de plaire sans art[7], crainte toujours nouvelle,
Beauté, gloire, vertu, je trouve tout en elle.
545 Depuis cinq ans entiers chaque jour je la vois,
Et crois toujours la voir pour la première fois.
N'y songeons plus. Allons, cher Paulin : plus j'y pense,
Plus je sens chanceler ma cruelle constance.
Quelle nouvelle, ô ciel ! je lui vais annoncer !

---

1. **Euphrate :** fleuve délimitant alors la Syrie, dont Titus a fait cadeau à Bérénice.
2. **Amusements :** diversions.
3. **D'objet que :** d'autre objet que.
4. **Prétendre :** réclamer.
5. **Passe :** dépasse.
6. Tous les attachements les plus puissants de l'amour.
7. **Art :** artifice.

ACTE II SCÈNES 1 ET 2

■ **SITUER**

Tous les personnages ont parlé de Titus au cours de l'acte I, mais à quel discours se fier ? Le spectateur est impatient de voir l'empereur entrer en scène...

■ **RÉFLÉCHIR**

STRATÉGIES : un confident adroit

1. Le début de l'acte II fait écho à celui de l'acte I : en quoi le couple Titus/Paulin se différencie-t-il néanmoins du couple Antiochus/Arsace ?

2. Observez l'évolution des répliques de Paulin dans la scène 2 : pourquoi ce confident est-il particulièrement habile ?

3. En vous aidant des temps verbaux, déterminez les articulations de la tirade de Paulin (v. 371-419). À quel type d'arguments le confident fait-il appel ? Quelle est la valeur des exemples qu'il mentionne ?

GENRES : un suspense tragique

4. Comment le spectateur réagit-il à la convocation d'Antiochus dans la scène 1 ? Où et comment son inquiétude est-elle apaisée ? Quel est l'effet produit ?

5. Quelles remarques pouvez-vous faire sur l'organisation de la phrase dans les vers 439-446 ? En quoi contribue-t-elle au suspense ?

6. La révélation du vers 446 est-elle un coup de théâtre* ? Pourquoi ? Quel est l'intérêt de la précision apportée par le vers 447 ? Quelle « matière » reste-t-il alors pour la tragédie ?

7. Le spectateur connaît la décision de Titus, Bérénice l'ignore : quels sentiments cela suscite-t-il à l'égard de la reine ?

PERSONNAGES : les luttes de Titus (scène 2)

8. D'après l'observation des temps verbaux et des adverbes, étudiez l'oscillation de Titus entre le passé et l'avenir ; quel vertige le saisit ?

9. Faites le compte des vers où s'exprime la faiblesse de Titus puis de ceux où domine sa fermeté : que remarquez-vous ? Quel caractère déduire de cette alternance ?

10. Quels arguments Titus invoque-t-il en faveur de son mariage avec Bérénice ? et en faveur du renoncement ? Ces deux listes coïncident-elles avec celles de la question précédente ? Qu'en concluez-vous ?

THÈMES : politique et fatalité

11. Relevez les mentions de la « voix publique » (v. 344). Par qui est-elle évoquée ? Dans quelles réalités politiques s'incarne-t-elle ? Quel regard l'empereur pose-t-il sur Rome ? et Rome sur lui ?

12. Comment la fatalité se fait-elle sentir dans les vers 459 à 470 ?

ÉCRIRE

13. Imaginez un monologue en prose où Titus exprime alternativement sa résolution et ses réticences à informer Bérénice de sa résolution.

14. Selon Lucien Goldmann, Rome est pour Titus une puissance « cachée et muette, surveillant chacun de ses actes avec la même exigence implacable du Dieu caché de toutes les tragédies ». Dans un paragraphe rédigé et illustré par le texte de ces deux scènes, vous commenterez cette vision de la fatalité.

DIRE

15. Étudiez l'expression des émotions puis dites en quoi ces deux scènes relèvent de la tonalité élégiaque*.

550 Encore un coup[1], allons, il n'y faut plus penser.
Je connais mon devoir, c'est à moi de le suivre :
Je n'examine point si j'y pourrai survivre.

SCÈNE 3. TITUS, PAULIN, RUTILE.

RUTILE

Bérénice, Seigneur, demande à vous parler.

TITUS

Ah ! Paulin !

PAULIN

Quoi ! déjà vous semblez reculer ?
555 De vos nobles projets, Seigneur, qu'il vous souvienne :
Voici le temps[2].

TITUS

Hé bien, voyons-la. Qu'elle vienne.

SCÈNE 4. BÉRÉNICE, TITUS, PAULIN, PHÉNICE.

BÉRÉNICE

Ne vous offensez pas si mon zèle indiscret[3]
De votre solitude interrompt le secret.
Tandis qu'autour de moi votre cour assemblée
560 Retentit des bienfaits dont vous m'avez comblée,
Est-il juste, Seigneur, que seule en ce moment
Je demeure sans voix et sans ressentiment[4] !
Mais, Seigneur (car je sais que cet ami sincère[5]
Du secret de nos cœurs connaît tout le mystère),

---

1. **Encore un coup :** encore une fois ; l'expression n'est pas familière au XVIIᵉ siècle.
2. **Voici le temps :** c'est le moment.
3. **Indiscret :** qui manque de retenue.
4. **Ressentiment :** sentiment éprouvé en retour, ici reconnaissance.
5. Bérénice désigne Paulin.

565 Votre deuil est fini, rien n'arrête vos pas,
Vous êtes seul enfin, et ne me cherchez pas.
J'entends[1] que vous m'offrez un nouveau diadème,
Et ne puis cependant vous entendre vous-même.
Hélas ! plus de repos, Seigneur, et moins d'éclat.

570 Votre amour ne peut-il paraître qu'au sénat ?
Ah ! Titus, car enfin l'amour fuit la contrainte
De tous ces noms[2] que suit[3] le respect et la crainte,
De quel soin votre amour va-t-il s'importuner ?
N'a-t-il que des États qu'il me puisse donner ?

575 Depuis quand croyez-vous que ma grandeur me touche ?
Un soupir, un regard, un mot de votre bouche,
Voilà l'ambition d'un cœur comme le mien.
Voyez-moi plus souvent, et ne me donnez rien.
Tous vos moments sont-ils dévoués à l'Empire ?

580 Ce cœur, après huit jours, n'a-t-il rien à me dire ?
Qu'un mot va rassurer mes timides esprits[4] !
Mais parliez-vous de moi quand je vous ai surpris ?
Dans vos secrets discours étais-je intéressée[5],
Seigneur ? Étais-je au moins présente à la pensée[6] ?

TITUS

585 N'en doutez point, Madame ; et j'atteste les dieux
Que toujours Bérénice est présente à mes yeux.
L'absence ni le temps, je vous le jure encore,
Ne vous peuvent ravir ce cœur qui vous adore.

BÉRÉNICE

Hé quoi ? vous me jurez une éternelle ardeur,
590 Et vous me la jurez avec cette froideur ?
Pourquoi même du ciel attester la puissance ?
Faut-il par des serments vaincre ma défiance ?

------

1. **J'entends** : j'entends dire.
2. **Noms** : titres.
3. Accord du verbe avec le sujet le plus proche.
4. **Timides esprits** : esprit inquiet, craintif.
5. **Intéressée** : présente.
6. **La pensée** : votre pensée.

Jean-François Sivadier (TITUS) et Nathalie Nell (BÉRÉNICE)
dans la mise en scène de Jacques Lassalle, T.E.P., 1990.

Mon cœur ne prétend point, Seigneur, vous démentir,
Et je vous en croirai sur un simple soupir[1].

TITUS

595 Madame…

BÉRÉNICE

Hé bien, Seigneur ? Mais quoi ! sans me répondre
Vous détournez les yeux, et semblez vous confondre[2] !
Ne m'offrirez-vous plus qu'un visage interdit ?
Toujours la mort d'un père occupe votre esprit ?
Rien ne peut-il charmer[3] l'ennui qui vous dévore ?

TITUS

600 Plût au ciel que mon père, hélas ! vécût encore !
Que je vivais heureux !

BÉRÉNICE

Seigneur, tous ces regrets
De votre piété[4] sont de justes effets.
Mais vos pleurs ont assez honoré sa mémoire :
Vous devez d'autres soins à Rome, à votre gloire :
605 De mon propre intérêt je n'ose vous parler.
Bérénice autrefois pouvait vous consoler :
Avec plus de plaisir vous m'avez écoutée.
De combien de malheurs pour vous persécutée,
Vous ai-je pour un mot sacrifié mes pleurs[5] !
610 Vous regrettez un père. Hélas ! faibles douleurs !
Et moi (ce souvenir me fait frémir encore)
On voulait m'arracher de tout ce que j'adore ;
Moi, dont vous connaissez le trouble et le tourment
Quand vous ne me quittez que pour quelque moment ;

---

1. **Soupir** : soupir d'amour ; par glissement : mot d'amour.
2. **Confondre** : troubler
3. **Charmer** : apaiser par un enchantement. – **Ennui** : tourment.
4. **Piété** : piété filiale, respect et affection dus aux parents.
5. J'ai cessé de pleurer sur un mot de vous.

615 Moi, qui mourrais le jour qu'on[1] voudrait m'interdire
De vous...

TITUS

Madame, hélas ! que me venez-vous dire ?
Quel temps[2] choisissez-vous ? Ah ! de grâce, arrêtez.
C'est trop pour un ingrat[3] prodiguer vos bontés.

BÉRÉNICE

Pour un ingrat, Seigneur ! Et le pouvez-vous être ?
620 Ainsi donc mes bontés vous fatiguent peut-être ?

TITUS

Non, Madame. Jamais, puisqu'il faut vous parler,
Mon cœur de plus de feux ne se sentit brûler[4].
Mais...

BÉRÉNICE

Achevez...

TITUS

Hélas !

BÉRÉNICE
Parlez.

TITUS

Rome... L'Empire...

BÉRÉNICE

Hé bien ?

TITUS
Sortons, Paulin : je ne lui puis rien dire.

---

1. **Le jour qu'on :** le jour où l'on.
2. **Temps :** moment, occasion.
3. **Ingrat :** sens ambigu ici : « qui manque de reconnaissance », ou « qui ne répond pas à l'amour qu'on lui porte ».
4. Métaphores galantes de la passion amoureuse.

Scène 5. Bérénice, Phénice.

BÉRÉNICE

625 Quoi ! me quitter sitôt, et ne me dire rien ?
Chère Phénice, hélas ! quel funeste[1] entretien !
Qu'ai-je fait ? Que veut-il ? Et que dit[2] ce silence ?

PHÉNICE

Comme vous je me perds d'autant plus que j'y pense[3].
Mais ne s'offre-t-il rien à votre souvenir
630 Qui contre vous, Madame, ait pu le prévenir[4] ?
Voyez, examinez.

BÉRÉNICE

Hélas ! tu peux m'en croire,
Plus je veux du passé rappeler la mémoire,
Du jour que je le vis jusqu'à ce triste jour,
Plus je vois qu'on me peut reprocher trop d'amour.
635 Mais tu nous entendais. Il ne faut rien me taire :
Parle. N'ai-je rien dit qui lui puisse déplaire ?
Que sais-je ? J'ai peut-être avec trop de chaleur
Rabaissé ses présents ou blâmé sa douleur.
N'est-ce point que de Rome il redoute la haine ?
640 Il craint peut-être, il craint d'épouser une reine.
Hélas ! s'il était vrai… Mais non, il a cent fois
Rassuré mon amour contre leurs[5] dures lois ;
Cent fois… Ah ! qu'il m'explique un silence si rude.
Je ne respire pas dans cette incertitude.
645 Moi, je vivrais, Phénice, et je pourrais penser
Qu'il me néglige, ou bien que j'ai pu l'offenser ?
Retournons sur ses pas. Mais quand je m'examine,
Je crois de ce désordre[6] entrevoir l'origine,

---

1. **Funeste :** fatal, qui apporte la mort.
2. **Dit :** veut dire.
3. Comme vous, plus j'y pense, plus je m'y perds.
4. **Prévenir :** irriter, donner des idées défavorables.
5. **Leurs :** se rapporte aux Romains (voir « *Rome* », v. 639).
6. **Désordre :** confusion.

Phénice : il aura su tout ce qui s'est passé ;
650 L'amour d'Antiochus l'a peut-être offensé.
Il attend, m'a-t-on dit, le roi de Comagène ;
Ne cherchons point ailleurs le sujet de ma peine.
Sans doute ce chagrin[1] qui vient de m'alarmer
N'est qu'un léger soupçon facile à désarmer.
655 Je ne te vante point cette faible victoire,
Titus. Ah ! plût au ciel que, sans blesser ta gloire,
Un rival plus puissant voulût tenter ma foi[2]
Et pût mettre à mes pieds plus d'empires que toi ;
Que de sceptres sans nombre il pût payer ma flamme ;
660 Que ton amour n'eût rien à donner que ton âme !
C'est alors, cher Titus, qu'aimé, victorieux,
Tu verrais de quel prix ton cœur est à mes yeux.
Allons, Phénice, un mot pourra le satisfaire.
Rassurons-nous, mon cœur, je puis encor lui plaire.
665 Je me comptais trop tôt au rang des malheureux.
Si Titus est jaloux, Titus est amoureux.

---

1. **Chagrin :** irritation.
2. **Tenter ma foi :** mettre ma fidélité à l'épreuve.

■ SITUER

Seul à seul avec son confident, Titus a avoué qu'il avait pris – la mort dans l'âme – la décision de se séparer de Bérénice. Mais saura-t-il annoncer à la reine cette terrible nouvelle ?

■ RÉFLÉCHIR

STRATÉGIES : des provocations désespérées

1. Relevez et commentez toutes les provocations de Bérénice dans la scène 4 : quelle réaction cherche-t-elle a susciter chez Titus ? Quel mot le fait réagir ? Est-ce dans le sens espéré ?

2. Les interrogations de Bérénice n'ont pas toutes la même forme ni la même valeur. Classez-les en deux catégories : que remarquez-vous ?

PERSONNAGES : deux manifestations de l'émotion (scène 4)

3. Quels types de phrases Bérénice privilégie-t-elle ? Qu'en déduisez-vous sur son état d'esprit ? Quelle est la signification psychologique de son flot de paroles ?

4. Comment se traduit le désarroi de Titus ?

5. Commentez les effets de la ponctuation sur le vers et la phrase dans les vers 595, 601, 616 et 623. Dans quel type de pièce trouve-t-on plutôt ce genre de procédé ? Est-ce ridicule ou touchant ici ?

6. Faut-il parler de lâcheté de la part de Titus dans cette scène ? Pourquoi ?

7. En quoi cette première entrevue de Titus et Bérénice peut-elle être jugée décevante ? Quel est l'intérêt dramatique de cet aveu manqué ?

QUI PARLE ? QUI VOIT ? le malentendu et l'illusion

8. Quelles sont les hypothèses successives émises par Bérénice pour expliquer le comportement de Titus dans les vers 636 à 654 ? Quel est, pour le spectateur, l'intérêt de l'ordre dans lequel elles sont émises ?

9. Est-ce son amour ou son amour-propre qui aveugle Bérénice ? Justifiez votre réponse. Quel rôle est assigné à Phénice ?

10. Relevez dans les scènes 4 et 5 les phrases auxquelles le spectateur donne une signification qui échappe à Bérénice : en quoi ce double sens constitue-t-il un effet d'ironie tragique* ?

■ ÉCRIRE

11. Paulin assiste muet à l'entrevue de Titus et Bérénice. Imaginez un monologue intérieur où s'expriment ses réflexions secrètes.

■ DIRE

12. Expliquez ce qui apparente la tirade de Bérénice (scène 5) à un monologue, puis déclamez ce discours avec les gestes et les attitudes appropriés.

GENRES : erreurs tragiques
L'acte II comporte deux moments contradictoires : la révélation de
Titus à son confident (scène 2) et son incapacité à parler à Bérénice
(scène 4).
1. À quel point de vue et sous l'impulsion de qui l'action a-t-elle évolué
dans cet acte ?
2. C'est souvent l'erreur tragique d'un protagoniste – manque de
discernement, de volonté, égoïsme… – qui mène à la catastrophe*.
Quelle est ici l'erreur tragique de Titus ? de Bérénice ?

PERSONNAGES : héros et confidents
Titus et Bérénice ont été réunis sur scène pour la première fois dans
l'acte II. La complexité des rapports de pouvoir enrichit la construction de l'action et des personnages.
3. Lequel des deux protagonistes cherche à débloquer la situation ?
Pourquoi et comment ?
4. Les confidents n'ont pas tous la même influence. Analysez le rôle
joué par Phénice auprès de Bérénice, puis celui de Paulin auprès de
Titus : en quoi diffèrent-ils notablement ?
5. Les confidents sont tous deux silencieux dans la scène 4 : quels
rôles ont-ils néanmoins sur le plan dramatique et psychologique ?

REGISTRES ET TONALITÉS : le pathétique
6. L'interjection « Hélas ! » convient surtout pour s'apitoyer sur un
malheur accompli. Relevez-en toutes les occurrences dans l'acte :
quelle nuance lui donneriez-vous chaque fois ? En quoi sa récur-
rence est-elle ici révélatrice ?

ÉCRIRE
7. Au terme de l'acte II, l'action peut encore évoluer mais le spectateur a déjà une intuition du dénouement. Imaginez dans des paragraphes distincts (environ 10 lignes chacun) deux dénouements
tragiques possibles.

ACTE III

SCÈNE PREMIÈRE. TITUS, ANTIOCHUS, ARSACE.

TITUS

Quoi, Prince ? vous partiez ? Quelle raison subite
Presse votre départ, ou plutôt votre fuite ?
Vouliez-vous me cacher jusques[1] à vos adieux ?
670 Est-ce comme ennemi que vous quittez ces lieux ?
Que diront, avec moi, la cour, Rome, l'Empire ?
Mais, comme[2] votre ami, que ne puis-je point dire ?
De quoi m'accusez-vous ? Vous avais-je sans choix
Confondu jusqu'ici dans la foule des rois ?
675 Mon cœur vous fut ouvert tant qu'a vécu mon père :
C'était le seul présent que je pouvais vous faire ;
Et lorsque avec mon cœur ma main peut s'épancher[3],
Vous fuyez mes bienfaits tout prêts à vous chercher ?
Pensez-vous, qu'oubliant ma fortune[4] passée,
680 Sur ma seule grandeur j'arrête ma pensée,
Et que tous mes amis s'y présentent de loin
Comme autant d'inconnus dont je n'ai plus besoin ?
Vous-même, à mes regards qui vouliez vous soustraire,
Prince, plus que jamais vous m'êtes nécessaire.

ANTIOCHUS

685 Moi, Seigneur ?

TITUS

Vous.

ANTIOCHUS

Hélas ! d'un prince malheureux
Que pouvez-vous, Seigneur, attendre que[5] des vœux ?

---

1. Jusques : voir p. 28 note 1.
2. Comme : en tant que.
3. S'épancher : s'ouvrir, donc prodiguer ses bienfaits.
4. Fortune : situation.
5. Que : d'autre que, sinon.

TITUS

Je n'ai pas oublié, Prince, que ma victoire
Devait à vos exploits la moitié de sa gloire,
Que Rome vit passer au nombre des vaincus
690 Plus d'un captif chargé des fers d'Antiochus ;
Que dans le Capitole[1] elle voit attachées
Les dépouilles des Juifs par vos mains arrachées.
Je n'attends pas de vous de ces sanglants exploits,
Et je veux seulement emprunter votre voix.
695 Je sais que Bérénice, à vos soins redevable[2],
Croit posséder en vous un ami véritable :
Elle ne voit dans Rome et n'écoute que vous ;
Vous ne faites qu'un cœur et qu'une âme avec nous.
Au nom d'une amitié si constante et si belle,
700 Employez le pouvoir que vous avez sur elle :
Voyez-la de ma part.

ANTIOCHUS

   Moi, paraître à ses yeux ?
La reine pour jamais a reçu mes adieux.

TITUS

Prince, il faut que pour moi vous lui parliez encore.

ANTIOCHUS

Ah ! parlez-lui, Seigneur. La reine vous adore.
705 Pourquoi vous dérober vous-même en ce moment
Le plaisir de lui faire un aveu si charmant ?
Elle l'attend, Seigneur, avec impatience.
Je réponds, en partant, de son obéissance ;
Et même elle m'a dit que, prêt à l'épouser,
710 Vous ne la verrez plus que pour l'y disposer.

---

1. Colline de Rome ; on y exposait les dépouilles prises à l'ennemi vaincu sur le champ de bataille.
2. **À vos soins redevable :** qui doit vous être reconnaissante de votre sollicitude.

Jean-Baptiste Malartre (ANTIOCHUS) et Jean-François Sivadier (TITUS)
dans la mise en scène de Jacques Lassalle, T.E.P., 1990.

TITUS

Ah ! qu'un aveu si doux aurait lieu de me plaire !
Que je serais heureux si j'avais à le faire !
Mes transports[1] aujourd'hui s'attendaient d'éclater[2],
Cependant aujourd'hui, Prince, il faut la quitter.

ANTIOCHUS

715 La quitter ! Vous, Seigneur ?

TITUS

                    Telle est ma destinée,
Pour elle et pour Titus il n'est plus d'hyménée[3].
D'un espoir si charmant je me flattais en vain :
Prince, il faut avec vous qu'elle parte demain.

ANTIOCHUS

Qu'entends-je ? Ô ciel !

TITUS

                    Plaignez ma grandeur importune.
720 Maître de l'univers, je règle sa fortune ;
Je puis faire les rois, je puis les déposer ;
Cependant de mon cœur je ne puis disposer ;
Rome, contre les rois de tout temps soulevée,
Dédaigne une beauté dans la pourpre[4] élevée :
725 L'éclat du diadème et cent rois pour aïeux
Déshonorent ma flamme[5] et blessent[6] tous les yeux.
Mon cœur, libre d'ailleurs[7], sans craindre les murmures,
Peut brûler à son choix dans des flammes obscures[8],
Et Rome avec plaisir recevrait de ma main
730 La moins digne beauté qu'elle cache en son sein.

---

1. Transports : manifestations d'amour.
2. S'attendaient d'éclater : étaient sur le point d'éclater.
3. Hyménée : mariage.
4. La pourpre est le symbole de la royauté.
5. Flamme : amour (métaphore galante).
6. Blessent : choquent.
7. D'ailleurs : par ailleurs.
8. Obscures : de condition modeste.

Jules[1] céda lui-même au torrent qui m'entraîne.
Si le peuple demain ne voit partir la reine,
Demain elle entendra ce peuple furieux
Me venir demander son départ à ses yeux[2].
735 Sauvons de cet affront mon nom et sa mémoire ;
Et, puisqu'il faut céder, cédons à notre gloire.
Ma bouche et mes regards, muets depuis huit jours,
L'auront pu préparer à ce triste discours :
Et même en ce moment, inquiète, empressée,
740 Elle veut qu'à ses yeux[2] j'explique ma pensée.
D'un amant interdit[3] soulagez le tourment :
Épargnez à mon cœur cet éclaircissement.
Allez, expliquez-lui mon trouble et mon silence ;
Surtout, qu'elle me laisse éviter sa présence :
745 Soyez le seul témoin de ses pleurs et des miens ;
Portez-lui mes adieux, et recevez les siens.
Fuyons tous deux, fuyons un spectacle funeste[4]
Qui de notre constance accablerait le reste.
Si l'espoir de régner et de vivre en mon cœur
750 Peut de son infortune adoucir la rigueur,
Ah ! Prince ! jurez-lui que, toujours trop fidèle,
Gémissant dans ma cour, et plus exilé qu'elle,
Portant[5] jusqu'au tombeau le nom de son amant,
Mon règne ne sera qu'un long bannissement,
755 Si le ciel, non content de me l'avoir ravie,
Veut encor m'affliger par une longue vie.
Vous, que l'amitié seule attache sur ses pas,
Prince, dans son malheur ne l'abandonnez pas.
Que l'Orient vous voie arriver à sa suite ;
760 Que ce soit un triomphe, et non pas une fuite ;
Qu'une amitié si belle ait d'éternels liens ;
Que mon nom soit toujours dans tous vos entretiens.

---

1. Jules César.
2. À ses yeux : devant elle.
3. Interdit : troublé.
4. Funeste : fatal, tragique.
5. Gémissant… exilé… portant : appositions à « je » impliqué dans « mon »
(v. 754).

ACTE III   SCÈNE 1

SITUER

Incapable d'annoncer sa décision à Bérénice, Titus a fui. Comment l'action peut-elle avancer désormais ?

RÉFLÉCHIR

REGISTRES ET TONALITÉS : une aisance feinte

1. Qualifiez le ton et l'attitude adoptés par Titus dès son entrée en scène. Quelle atmosphère cherche-t-il à créer ? Pourquoi ?

2. Étudiez l'évolution de la tonalité au cours de la scène : où et pourquoi la tentative de Titus tourne-t-elle à l'échec ?

3. Loquace avec Paulin, muet devant Bérénice, Titus retrouve la parole face à Antiochus : quelles sont les raisons psychologiques et dramatiques de ces variations ?

STRUCTURE : le second aveu de Titus

4. Comparez la grande tirade de Titus (v. 719-770) avec celle du deuxième acte (v. 446-490) : quelles différences essentielles remarquez-vous ? En quoi le destinataire du discours en influence-t-il la forme et le contenu ?

5. Comment le dramaturge a-t-il su éviter l'effet de monotonie malgré la ressemblance des deux tirades ?

PERSONNAGES : mauvaise foi et aveuglement

6. Relevez les impératifs prononcés par Titus dans cette scène : sont-ils d'un empereur ou d'un lâche ? Justifiez votre réponse.

7. Observez le scénario que Titus imagine pour l'avenir : quel rôle s'y voit-il jouer ? Quels rôles assigne-t-il à Bérénice et Antiochus ? En quoi est-ce révélateur ?

8. Quelles ambiguïtés du discours de Titus, au début de la scène, provoquent la méprise d'Antiochus ? Analysez l'évolution de ses réactions : en quoi la situation est-elle particulièrement délicate ?

9. Que signifie pour Titus la dernière réplique d'Antiochus ? et pour le spectateur ? Quels sont les intérêts psychologiques et dramatiques de cette absence de réaction ?

10. Observez le visage et l'attitude des deux personnages sur la photographie page 70 : qu'est-ce qui les rapproche ? Qu'est-ce qui les distingue ?

ÉCRIRE

11. Au sortir de cette entrevue, Antiochus laisse libre cours à ses sentiments : imaginez son monologue en vingt lignes de prose.

12. Les romantiques ont souvent jugé artificiels les règles et les procédés de la tragédie classique. Rédigez de façon ordonnée une critique de ces procédés dans la scène 1 de l'acte III.

Pour rendre vos États plus voisins l'un de l'autre,
L'Euphrate bornera son empire et le vôtre.
765 Je sais que le sénat, tout plein de votre nom,
D'une commune voix confirmera ce don.
Je joins la Cilicie[1] à votre Comagène.
Adieu. Ne quittez point ma princesse, ma reine,
Tout ce qui de mon cœur fut l'unique désir,
770 Tout ce que j'aimerai jusqu'au dernier soupir.

SCÈNE 2. ANTIOCHUS, ARSACE.

ARSACE

Ainsi le ciel s'apprête à vous rendre justice :
Vous partirez, Seigneur, mais avec Bérénice.
Loin de vous la ravir, on va vous la livrer.

ANTIOCHUS

Arsace, laisse-moi le temps de respirer.
775 Ce changement est grand, ma surprise est extrême.
Titus entre mes mains remet tout ce qu'il aime !
Dois-je croire, grands dieux ! ce que je viens d'ouïr ?
Et quand je le croirais, dois-je m'en réjouir ?

ARSACE

Mais, moi-même, Seigneur, que faut-il que je croie ?
780 Quel obstacle nouveau s'oppose à votre joie ?
Me trompiez-vous tantôt[2] au sortir de ces lieux,
Lorsque encor tout ému de vos derniers adieux,
Tremblant d'avoir osé s'expliquer devant elle,
Votre cœur me contait son audace nouvelle ?
785 Vous fuyiez un hymen[3] qui vous faisait trembler.
Cet hymen est rompu : quel soin peut vous troubler ?
Suivez les doux transports où[4] l'amour vous invite.

---

1. Province romaine située à l'ouest de la Comagène.
2. **Tantôt** : tout à l'heure.
3. **Hymen** : mariage.
4. **Où** : auxquels

ANTIOCHUS

Arsace, je me vois chargé de sa conduite[1],
Je jouirai longtemps de ses chers entretiens,
790 Ses yeux même pourront s'accoutumer aux miens ;
Et peut-être son cœur fera la différence
Des froideurs de Titus à ma persévérance.
Titus m'accable ici du poids de sa grandeur :
Tout disparaît dans Rome auprès de sa splendeur ;
795 Mais, quoique l'Orient soit plein de sa mémoire,
Bérénice y verra des traces de ma gloire.

ARSACE

N'en doutez point, Seigneur, tout succède[2] à vos vœux.

ANTIOCHUS

Ah ! que nous nous plaisons à nous tromper tous deux !

ARSACE

Et pourquoi nous tromper ?

ANTIOCHUS

               Quoi ! je lui pourrais plaire ?
800 Bérénice à mes vœux ne serait plus contraire ?
Bérénice d'un mot flatterait[3] mes douleurs ?
Penses-tu seulement que, parmi ses malheurs,
Quand l'univers entier négligerait ses charmes
L'ingrate[4] me permît de lui donner des larmes[5],
805 Ou qu'elle s'abaissât jusques à recevoir
Des soins qu'à mon amour elle croirait devoir ?

ARSACE

Et qui peut mieux que vous consoler sa disgrâce ?
Sa fortune, Seigneur, va prendre une autre face.
Titus la quitte.

---

1. De la reconduire dans son pays.
2. **Succède :** réussit.
3. **Flatterait :** apaiserait.
4. **Ingrate :** qui ne répond pas à l'amour d'Antiochus.
5. **Lui donner des larmes :** pleurer avec elle.

ANTIOCHUS

Hélas ! de ce grand changement
810 Il ne me reviendra que le nouveau tourment
D'apprendre par ses pleurs à quel point elle l'aime :
Je la verrai gémir ; je la plaindrai moi-même.
Pour fruit de tant d'amour, j'aurai le triste emploi
De recueillir des pleurs qui ne sont pas pour moi.

ARSACE

815 Quoi ? ne vous plairez-vous qu'à vous gêner[1] sans cesse ?
Jamais dans un grand cœur vit-on plus de faiblesse ?
Ouvrez les yeux, Seigneur, et songeons entre nous
Par combien de raisons Bérénice est à vous.
Puisque aujourd'hui Titus ne prétend plus lui plaire,
820 Songez que votre hymen lui devient nécessaire.

ANTIOCHUS

Nécessaire !

ARSACE

À ses pleurs accordez quelques jours ;
De ses premiers sanglots laissez passer le cours :
Tout parlera pour vous, le dépit, la vengeance,
L'absence de Titus, le temps, votre présence,
825 Trois sceptres[2] que son bras ne peut seul soutenir,
Vos deux États voisins qui cherchent à s'unir.
L'intérêt, la raison, l'amitié, tout vous lie.

ANTIOCHUS

Oui, je respire, Arsace, et tu me rends la vie :
J'accepte avec plaisir un présage si doux.
830 Que[3] tardons-nous ? Faisons ce qu'on attend de nous.
Entrons chez Bérénice ; et, puisqu'on nous l'ordonne,
Allons lui déclarer que Titus l'abandonne.
Mais plutôt demeurons. Que faisais-je ? Est-ce à moi,

---

1. **Gêner** : torturer.
2. Ce sont la Palestine, l'Arabie et la Syrie.
3. **Que** : pourquoi.

Arsace, à me charger de ce cruel emploi ?
835 Soit vertu, soit amour, mon cœur s'en effarouche.
L'aimable[1] Bérénice entendrait de ma bouche
Qu'on l'abandonne ! Ah ! Reine ! Et qui l'aurait pensé,
Que ce mot dût jamais vous être prononcé !

ARSACE

La haine sur Titus tombera tout entière.
840 Seigneur, si vous parlez, ce n'est qu'à sa prière.

ANTIOCHUS

Non, ne la voyons point. Respectons sa douleur :
Assez d'autres viendront lui conter son malheur.
Et ne la crois-tu pas assez infortunée
D'apprendre à quel mépris Titus l'a condamnée,
845 Sans lui donner encor le déplaisir fatal[2]
D'apprendre ce mépris par son propre rival ?
Encore un coup[3], fuyons ; et par cette nouvelle
N'allons point nous charger d'une haine immortelle.

ARSACE

Ah ! la voici, Seigneur ; prenez votre parti.

ANTIOCHUS

850 Ô ciel !

SCÈNE 3. BÉRÉNICE, ANTIOCHUS, ARSACE, PHÉNICE.

BÉRÉNICE

Hé quoi ! Seigneur ! vous n'êtes point parti ?

ANTIOCHUS

Madame, je vois bien que vous êtes déçue,
Et que c'était César[4] que cherchait votre vue.

_____

1. **Aimable :** digne d'être aimée.
2. **Déplaisir fatal :** désespoir mortel.
3. **Encore un coup :** encore une fois.
4. Titus, l'empereur.

SITUER

Antiochus voulait quitter Rome sans jamais revoir Bérénice. Mais Titus le charge d'annoncer à la reine sa décision de l'abandonner...

RÉFLÉCHIR

STRUCTURE : le rêve brisé d'Antiochus

1. Analysez les modes et les temps verbaux employés par Antiochus : quelle évolution remarquez-vous ?

2. Étudiez aussi les types de phrases : par quels sentiments successifs le personnage passe-t-il ? Quels mouvements pouvez-vous ainsi identifier dans la scène ?

3. Quelle est l'ultime et essentielle raison d'Antiochus de ne pas accomplir l'ordre de Titus ?

PERSONNAGES : la versatilité d'Antiochus

4. Combien de fois Antiochus change-t-il d'avis au cours de la scène ? Quel caractère cela dénote-t-il ?

5. Le désir de fuite d'Antiochus est-il ici comparable à celui de l'empereur à la fin de la scène 4 de l'acte II ? Pourquoi ?

6. Comment feriez-vous jouer le personnage d'Antiochus dans les vers 828-838 ? Rédigez toutes les didascalies* nécessaires pour la mise en scène de cette réplique.

STRATÉGIES : un piètre conseiller

7. Avec quels temps verbaux et quel type de phrase s'exprime l'assurance d'Arsace dans cette scène ? Comment réagit le spectateur devant les certitudes du confident ?

8. Bérénice, aveuglée par son amour, a repoussé les hypothèses lucides de Phénice (I, 5) : en quoi la situation est-elle ici inversée ?

9. Schématisez le raisonnement d'Arsace : pourquoi peut-on dire que ce confident n'est pas un fin psychologue ? À quoi voit-on qu'il ignore tout de la passion amoureuse ?

ÉCRIRE

10. Imaginez un dialogue théâtral qui illustre le scénario envisagé par Antiochus dans les vers 810-814.

DIRE

11. Réfléchissez aux didascalies susceptibles d'accompagner le dialogue que vous avez écrit, et aux différentes manières de le jouer sur scène.

Mais n'accusez que lui, si, malgré mes adieux,
De ma présence encor j'importune vos yeux.
855 Peut-être en ce moment je serais dans Ostie[1],
S'il ne m'eût de sa cour défendu la sortie.

BÉRÉNICE

Il vous cherche vous seul. Il nous évite tous.

ANTIOCHUS

Il ne m'a retenu que pour parler de vous.

BÉRÉNICE

De moi, Prince ?

ANTIOCHUS

Oui, Madame.

BÉRÉNICE

Et qu'a-t-il pu vous dire ?

ANTIOCHUS

860 Mille autres mieux que moi pourront vous en instruire.

BÉRÉNICE

Quoi ! Seigneur…

ANTIOCHUS

Suspendez votre ressentiment.
D'autres, loin de se taire en ce même moment,
Triompheraient peut-être, et, pleins de confiance,
Céderaient avec joie à votre impatience ;
865 Mais moi, toujours tremblant, moi, vous le savez bien,
À qui votre repos est plus cher que le mien,
Pour ne le point troubler, j'aime mieux vous déplaire,
Et crains votre douleur plus que votre colère.
Avant la fin du jour vous me justifierez[2].
870 Adieu, Madame.

---

1. Port de Rome.
2. **Vous me justifierez :** vous me rendrez justice.

BÉRÉNICE

Ô ciel ! quel discours ! Demeurez,
Prince, c'est trop cacher mon trouble à votre vue :
Vous voyez devant vous une reine éperdue,
Qui, la mort dans le sein, vous demande deux mots.
Vous craignez, dites-vous, de troubler mon repos[1] ;
875 Et vos refus cruels, loin d'épargner ma peine,
Excitent ma douleur, ma colère, ma haine.
Seigneur, si mon repos vous est si précieux,
Si moi-même jamais je fus chère à vos yeux,
Éclaircissez le trouble où vous voyez mon âme.
880 Que vous a dit Titus ?

ANTIOCHUS

Au nom des dieux, Madame…

BÉRÉNICE

Quoi ! vous craignez si peu de me désobéir ?

ANTIOCHUS

Je n'ai qu'à vous parler pour me faire haïr.

BÉRÉNICE

Je veux que vous parliez.

ANTIOCHUS

Dieux ! quelle violence !
Madame, encore un coup, vous louerez mon silence.

BÉRÉNICE

885 Prince, dès ce moment contentez mes souhaits,
Ou soyez de ma haine assuré pour jamais.

ANTIOCHUS

Madame, après cela, je ne puis plus me taire.
Hé bien, vous le voulez, il faut vous satisfaire.
Mais ne vous flattez point[2] : je vais vous annoncer

---

1. Repos : paix de l'âme.
2. Ne vous flattez point : ne vous bercez pas d'illusions.

890 Peut-être des malheurs où[1] vous n'osez penser.
Je connais votre cœur : vous devez vous attendre
Que je le vais frapper[2] par l'endroit le plus tendre.
Titus m'a commandé…

BÉRÉNICE
Quoi ?

ANTIOCHUS
De vous déclarer
Qu'à jamais l'un de l'autre il faut vous séparer.

BÉRÉNICE
895 Nous séparer ? Qui ? Moi ? Titus de Bérénice !

ANTIOCHUS
Il faut que devant vous je lui rende justice :
Tout ce que dans un cœur sensible et généreux[3]
L'amour au désespoir peut rassembler d'affreux,
Je l'ai vu dans le sien. Il pleure, il vous adore.
900 Mais enfin que[4] lui sert de vous aimer encore ?
Une reine est suspecte à l'Empire romain.
Il faut vous séparer, et vous partez demain.

BÉRÉNICE
Nous séparer ! Hélas ! Phénice !

PHÉNICE
Hé bien, Madame,
Il faut ici montrer la grandeur de votre âme.
905 Ce coup sans doute est rude, il doit vous étonner[5].

BÉRÉNICE
Après tant de serments, Titus m'abandonner !
Titus qui me jurait… Non, je ne le puis croire :

---

1. Où : auxquels.
2. Que je le vais frapper : à ce que je le frappe.
3. Généreux : noble.
4. Que : à quoi.
5. Étonner : frapper comme un coup de tonnerre.

SERANGELI INV. MASSARD SCULP.

Bérénice à Phénice : « Ne m'abandonne pas dans l'état où je suis »,
acte III, scène 3. Composition de Serangeli gravée par Massard.

Il ne me quitte point, il y va de sa gloire.
Contre son innocence on veut me prévenir[1].
910 Ce piège n'est tendu que pour nous désunir.
Titus m'aime. Titus ne veut point que je meure.
Allons le voir : je veux lui parler tout à l'heure[2].
Allons.

ANTIOCHUS

Quoi ? vous pourriez ici me regarder...

BÉRÉNICE

Vous le souhaitez trop pour me persuader.
915 Non, je ne vous crois point. Mais, quoi qu'il en puisse être,
Pour jamais à mes yeux gardez-vous de paraître.
(À Phénice.)
Ne m'abandonne pas dans l'état où je suis.
Hélas ! pour me tromper je fais ce que je puis.

SCÈNE 4. ANTIOCHUS, ARSACE.

ANTIOCHUS

Ne me trompé-je point ? L'ai-je bien entendue ?
920 Que je me garde, moi, de paraître à sa vue ?
Je m'en garderai bien. Et ne partais-je pas,
Si Titus malgré moi n'eût arrêté mes pas ?
Sans doute[3] il faut partir. Continuons, Arsace.
Elle croit m'affliger : sa haine me fait grâce[4].
925 Tu me voyais tantôt inquiet, égaré :
Je partais amoureux, jaloux, désespéré ;
Et maintenant, Arsace, après cette défense,
Je partirai peut-être avec indifférence.

---

1. **Me prévenir :** me dresser.
2. **Tout à l'heure :** tout de suite, sur-le-champ.
3. **Sans doute :** assurément.
4. **Grâce :** une faveur.

ARSACE

Moins que jamais, Seigneur, il faut vous éloigner.

ANTIOCHUS

930 Moi ! je demeurerai pour me voir dédaigner ?
Des froideurs de Titus je serai responsable ?
Je me verrai puni parce qu'il est coupable ?
Avec quelle injustice et quelle indignité
Elle doute à mes yeux de ma sincérité !
935 Titus l'aime, dit-elle, et moi je l'ai trahie.
L'ingrate ! m'accuser de cette perfidie !
Et dans quel temps[1] encor ? dans le moment fatal
Que[2] j'étale à ses yeux les pleurs de mon rival ;
Que pour la consoler je le faisais paraître
940 Amoureux et constant plus qu'il ne l'est peut-être.

ARSACE

Et de quel soin[3], Seigneur, vous allez-vous troubler ?
Laissez à ce torrent le temps de s'écouler :
Dans huit jours, dans un mois, n'importe, il faut qu'il passe.
Demeurez seulement.

ANTIOCHUS

                    Non, je la quitte, Arsace.
945 Je sens qu'à sa douleur je pourrais compatir ;
Ma gloire, mon repos, tout m'excite[4] à partir.
Allons ; et de si loin évitons la cruelle,
Que de longtemps, Arsace, on ne nous parle d'elle.
Toutefois il nous reste encore assez de jour :
950 Je vais dans mon palais attendre ton retour.
Va voir si la douleur ne l'a point trop saisie.
Cours ; et partons du moins assurés de sa vie[5].

_____

1. **Dans quel temps** : à quel moment.
2. **Que** : où.
3. **Soin** : souci.
4. **Excite** : incite.
5. Antiochus craint que Bérénice ne se suicide.

Antiochus ne se sent pas le courage de briser le cœur de Bérénice en lui transmettant le message de Titus. Il veut s'échapper, mais il est trop tard : voici Bérénice...

STRUCTURE : un face-à-face éprouvant

1. On appelle « fausse sortie » le procédé du vers 870 ; est-il à sa place ici ? Pourquoi ? D'après vous, Antiochus souhaite-t-il vraiment partir ? Pourquoi ?

2. Étudiez l'enchaînement des répliques dans les passages de stichomythie* : en quoi traduit-il la tension de l'entrevue ?

3. Quels vers font écho aux vers 894-895 ? Pourquoi ces répétitions littérales ?

PERSONNAGES : le destin du messager

4. Quelles diversions Antiochus utilise-t-il pour échapper à sa mission ? Ses réticences sont-elles sincères ou feintes ?

5. Observez comment Antiochus prépare Bérénice à la révélation douloureuse : pourquoi retarder le moment de l'aveu ?

6. Où et comment s'expriment le dépit, le trouble et le désespoir de Bérénice ?

7. Où Bérénice parle-t-elle comme une reine ? et comme une femme amoureuse ? Justifiez vos réponses.

8. En quoi ses propos sont-ils particulièrement insultants à l'égard d'Antiochus dans les vers 909-916 ?

GENRES : l'engrenage tragique

9. La volte-face de Bérénice à partir du vers 907 était-elle prévisible ? Son aveuglement reste-t-il vraisemblable ? Pourquoi ?

10. Quelle incohérence relevez-vous dans l'attitude de Bérénice entre le début et la fin de la scène 3 ? À quoi devons-nous l'attribuer ?

11. Dans la scène 2, Antiochus a subi l'ordre de Titus ; dans la scène 3, il subit les foudres de Bérénice : en quoi est-ce un personnage tragique ?

12. Quelle décision Antiochus prend-il dans la scène 4 ? Recherchez la répétition avec laquelle il tente de se convaincre lui-même. Quels éléments nous font douter de sa résolution ?

13. Identifiez les personnages sur l'image de la page 82. En quoi la composition du groupe, la physionomie et l'attitude des personnages rendent-elles compte de l'atmosphère de la scène 3 ?

14. Reportez-vous à *Andromaque* (acte V, scènes 3 et 4) puis établissez en une page des portraits parallèles d'Oreste et d'Antiochus.

DRAMATURGIE : au cœur du drame

L'acte III occupe le centre de la tragédie et c'est avec lui que s'opère le basculement de l'action. Mais dans sa préface, Racine vante la simplicité d'action et la faculté de « faire quelque chose de rien ».

1. Dans les actes I et II, de nombreux récits venaient sans cesse rappeler le passé ; par quoi le thème du souvenir est-il remplacé dans l'acte III ? En quoi est-ce significatif ?

2. Antiochus ayant annoncé à Bérénice la décision de Titus, la difficulté essentielle du nœud tragique se trouve surmontée : quelle matière reste-t-il alors pour les deux derniers actes ?

3. Le dénouement approche. D'après les données dont le spectateur dispose, que peut-il encore craindre et espérer pour la suite ?

PERSONNAGES : des faiblesses coupables

Défaillance, impuissance, obstination : les trois héros s'abandonnent à des faiblesses qui les entraînent irrésistiblement vers la catastrophe.

4. Titus, incapable de révéler sa décision à Bérénice, n'est présent dans la scène 1 que pour déléguer sa parole à Antiochus ; il disparaît ensuite jusqu'à la fin de l'acte : quel est l'intérêt psychologique et dramatique de cette absence ?

5. Lucien Goldmann voit en Antiochus un personnage « hésitant, indécis, ayant peur de ses propres résolutions, subissant les décisions des autres ». En quoi l'acte III illustre-t-il ce jugement ?

6. Bérénice s'entête dans son aveuglement. Comparez ses attitudes et ses arguments à la fin de l'acte III (scène 3) et de l'acte II (scène 5) : où vous paraît-elle le plus tragique ? le plus pathétique ? Pourquoi ?

▬ DIRE

7. Antiochus rend compte à Titus de sa mission et de son résultat. Imaginez diverses formes et tonalités pour cette entrevue.

ACTE IV

SCÈNE PREMIÈRE. BÉRÉNICE, *seule.*

Phénice ne vient point ? Moments trop rigoureux[1],
Que vous paraissez lents à mes rapides[2] vœux !
955 Je m'agite, je cours, languissante, abattue ;
La force m'abandonne, et le repos me tue.
Phénice ne vient point. Ah ! que cette longueur[3]
D'un présage funeste[4] épouvante mon cœur !
Phénice n'aura point de réponse à me rendre.
960 Titus, l'ingrat Titus n'a point voulu l'entendre ;
Il fuit, il se dérobe à ma juste fureur.

SCÈNE 2. BÉRÉNICE, PHÉNICE.

BÉRÉNICE

Chère Phénice, hé bien ! as-tu vu l'empereur ?
Qu'a-t-il dit ? Viendra-t-il ?

PHÉNICE

          Oui, je l'ai vu, Madame,
Et j'ai peint à ses yeux le trouble de votre âme.
965 J'ai vu couler des pleurs qu'il voulait retenir.

BÉRÉNICE

Vient-il ?

PHÉNICE

        N'en doutez point, Madame, il va venir.
Mais voulez-vous paraître en ce désordre extrême ?
Remettez-vous, Madame, et rentrez en vous-même[5].
Laissez-moi relever ces voiles détachés,

---

1. **Rigoureux** : pénibles.
2. **Rapides** : qui anticipent l'avenir.
3. **Longueur** : lenteur, délai.
4. **Funeste** : qui annonce la mort.
5. **Rentrez en vous-même** : ressaisissez-vous.

Julia Bartet (1854-1941) dans le rôle de Bérénice,
qu'elle joua 82 fois à la Comédie-Française, de 1893 à 1920.
Costume dessiné par Gustave Moreau.
(Bibliothèque de l'Arsenal, fonds Rondel.)

970 Et ces cheveux épars dont vos yeux sont cachés.
Souffrez que de vos pleurs je répare l'outrage.

BÉRÉNICE

Laisse, laisse, Phénice, il verra son ouvrage.
Et que m'importe, hélas ! de[1] ces vains ornements ?
Si ma foi, si mes pleurs, si mes gémissements,
975 Mais que dis-je, mes pleurs ? si ma perte certaine,
Si ma mort toute prête enfin ne le ramène,
Dis-moi, que produiront tes secours superflus,
Et tout ce faible éclat[2] qui ne le touche plus ?

PHÉNICE

Pourquoi lui faites-vous cet injuste reproche ?
980 J'entends du bruit, Madame, et l'empereur s'approche.
Venez, fuyez la foule, et rentrons promptement :
Vous l'entretiendrez seul dans votre appartement.

SCÈNE 3. TITUS, PAULIN, SUITE.

TITUS

De la reine, Paulin, flattez[3] l'inquiétude :
Je vais la voir. Je veux un peu de solitude.
985 Que l'on me laisse.

PAULIN

                 Ô ciel ! que je crains ce combat !
Grands dieux, sauvez sa gloire et l'honneur de l'État !
Voyons la reine.

---

1. **Que m'importe de :** que m'importent.
2. Il s'agit de l'éclat de sa beauté.
3. **Flattez :** apaisez.

ACTE IV   SCÈNES 1 À 3

SITUER

La révélation d'Antiochus a d'abord désespéré Bérénice, mais la reine,
persévérant dans son aveuglement, préfère soupçonner une machination
pour la séparer de l'empereur. Elle décide d'interroger Titus lui-même…

RÉFLÉCHIR

DRAMATURGIE : les contraintes du théâtre classique

1. Les scènes 1 et 2 constituent une petite exposition de l'acte IV : que nous
apprennent-elles sur les événements de l'entracte ? Pourquoi ont-ils eu lieu
hors de la scène ?

2. L'abbé de Villars, dans sa *Critique de Bérénice*, estime que dans la pièce
« la plupart des scènes sont peu nécessaires » : trouvez-vous cette accusa-
tion justifiée pour les scènes 1 à 3 de l'acte IV ? Pourquoi ?

3. Recherchez les exigences classiques pour la liaison des scènes
(voir p. 136). À quel type de liaison avons-nous affaire pour les scènes 2 et
3 ? Cela vous paraît-il naturel ? Justifiez vos réponses.

4. Quelle est la nécessité dramatique et psychologique de la solitude
réclamée par Titus (scène 3) ?

PERSONNAGES : le désespoir de Bérénice

5. Relevez les didascalies implicites* de la scène 2 : comment se manifeste
le « désordre extrême » de Bérénice dans sa tenue ? et dans ses propos ?

6. Comparez le personnage de Bérénice dans les scènes 1 et 2 avec celui
de Phèdre dans *Phèdre*, acte I, scène 3 : pourquoi peut-on les rapprocher ?

7. Bérénice souhaite un entretien avec Titus, et Titus se prépare à rencontrer Bérénice ; comparez leur état d'esprit : que pouvons-nous présager de
cette entrevue ?

8. Observez la photographie de la page 88. Quelle image de Bérénice le
metteur en scène et l'actrice ont-ils voulu donner ? Proposez votre propre
interprétation du personnage pour les scènes 1 et 2 (costume, physionomie,
attitude).

ÉCRIRE

9. À l'instar de l'abbé de Villars, vous rédigerez deux paragraphes critiques
et ironiques à l'encontre de *Bérénice* (IV, 1 à 3) : l'un pour critiquer les scènes
« peu nécessaires », l'autre pour blâmer la liaison des scènes (vous prendrez
appui sur vos réponses aux questions 2 et 3).

SCÈNE 4. TITUS, *seul.*

           Hé bien, Titus, que viens-tu faire ?
Bérénice t'attend. Où viens-tu, téméraire ?
Tes adieux sont-ils prêts ? T'es-tu bien consulté ?
990 Ton cœur te promet-il assez de cruauté ?
Car enfin au combat qui pour toi se prépare
C'est peu d'être constant, il faut être barbare.
Soutiendrai-je ces yeux dont la douce langueur
Sait si bien découvrir les chemins de mon cœur ?
995 Quand je verrai ces yeux armés de tous leurs charmes[1],
Attachés sur les miens, m'accabler de leurs larmes,
Me souviendrai-je alors de mon triste devoir ?
Pourrai-je dire enfin : « Je ne veux plus vous voir » ?
Je viens percer un cœur qui m'adore, qui m'aime.
1000 Et pourquoi le percer ? Qui l'ordonne ? Moi-même ;
Car enfin Rome a-t-elle expliqué ses souhaits ?
L'entendons-nous crier autour de ce palais ?
Vois-je l'État penchant au bord du précipice ?
Ne le puis-je sauver que par ce sacrifice ?
1005 Tout se tait ; et moi seul, trop prompt à me troubler,
J'avance des malheurs que je puis reculer.
Et qui sait si, sensible aux vertus de la reine,
Rome ne voudra point l'avouer[2] pour Romaine ?
Rome peut par son choix justifier le mien.
1010 Non, non, encore un coup[3], ne précipitons rien.
Que Rome avec ses lois mette dans la balance
Tant de pleurs, tant d'amour, tant de persévérance :
Rome sera pour nous. Titus, ouvre les yeux !
Quel air respires-tu ? N'es-tu pas dans ces lieux
1015 Où la haine des rois, avec le lait sucée[4],
Par crainte ou par amour ne peut être effacée ?
Rome jugea ta reine en condamnant ses rois.

---

1. **Charmes :** puissance magique.
2. **L'avouer :** la reconnaître.
3. **Encore un coup :** encore une fois.
4. **Avec le lait sucée :** inculquée dès la petite enfance.

N'as-tu pas en naissant entendu cette voix ?
Et n'as-tu pas encore ouï la renommée
1020 T'annoncer ton devoir jusque dans ton armée ?
Et lorsque Bérénice arriva sur tes pas,
Ce que Rome en jugeait, ne l'entendis-tu pas ?
Faut-il donc tant de fois te le faire redire ?
Ah ! lâche ! fais l'amour[1], et renonce à l'empire.
1025 Au bout de l'univers va, cours te confiner,
Et fais place à des cœurs plus dignes de régner.
Sont-ce là ces projets de grandeur et de gloire
Qui devaient dans les cœurs consacrer ma mémoire ?
Depuis huit jours je règne, et jusques à ce jour,
1030 Qu'ai-je fait pour l'honneur ? J'ai tout fait pour l'amour.
D'un temps si précieux quel compte puis-je rendre ?
Où sont ces heureux jours que je faisais attendre ?
Quels pleurs ai-je séchés ? Dans quels yeux satisfaits
Ai-je déjà goûté le fruit de mes bienfaits ?
1035 L'univers a-t-il vu changer ses destinées ?
Sais-je combien le ciel m'a compté de journées[2] ?
Et de ce peu de jours si longtemps attendus,
Ah ! malheureux, combien j'en ai déjà perdus !
Ne tardons plus : faisons ce que l'honneur exige :
1040 Rompons le seul lien…

---

1. **Fais l'amour :** aime-la aux yeux de tous.
2. Sais-je combien de jours j'ai à vivre ?

▌SITUER

Avant d'avoir avec Bérénice un entretien décisif, Titus a souhaité méditer seul un moment… Va-t-il encore se dérober ?

▌RÉFLÉCHIR

GENRES : le monologue délibératif

1. Quel mode verbal et quel type de phrase alternent dans cette scène ? En quoi est-ce caractéristique ?

2. Ce monologue fait-il progresser l'action ? Pourquoi et comment ?

3. En quoi se distingue-t-il des autres monologues de la pièce (voir p. 150-151) ? Qu'en déduisez-vous sur l'importance que lui accorde le dramaturge ?

4. Quel est l'intérêt de l'interruption au dernier vers pour la liaison des scènes ? et pour chacun des deux protagonistes ?

STRUCTURE : un équilibre rigoureux

5. À quel moment s'effectue le renversement psychologique de Titus ? En quoi détermine-t-il la composition du monologue ?

6. Comparez la longueur des deux parties de la tirade : pourquoi cette structure ?

PERSONNAGES : l'empereur et l'amant

7. D'après le jeu des pronoms personnels ou du mode verbal, étudiez le dédoublement de Titus : quelles en sont les significations psychologiques ? dramatiques ?

8. Relevez les arguments pour et contre le mariage de Titus avec Bérénice : pourquoi le contre pèse-t-il plus lourd ?

9. Quels regards successifs Titus jette-t-il sur lui-même au cours de la scène ? En quoi cela traduit-il bien son dilemme (voir p. 154) ?

10. Observez-vous dans cette scène une évolution de Titus par rapport aux actes précédents ? Justifiez votre réponse.

REGISTRES ET TONALITÉS : lyrisme et tension tragique

11. Le monologue n'a pas seulement une fonction dramatique : relevez et analysez les éléments poétiques et lyriques* de ce discours.

12. Comment la forme des phrases et des vers traduit-elle le conflit intérieur de Titus ?

13. D'après R. Picard, « sans cesse le héros est au bord de son propre écroulement, et la tension tragique ne faiblit pas ». En quoi ce jugement s'applique-t-il au monologue de Titus ?

▌ÉCRIRE

14. Rédigez une page où vous établirez un parallèle entre le monologue de Titus et celui de Rodrigue dans *Le Cid* (I, 6).

Scène 5. Bérénice, Titus.

BÉRÉNICE, *en sortant*[1].

            Non, laissez-moi, vous dis-je.
En vain tous vos conseils me retiennent ici !
Il faut que je le voie. Ah ! Seigneur ! vous voici.
Hé bien, il est donc vrai que Titus m'abandonne ?
Il faut nous séparer ; et c'est lui qui l'ordonne.

Titus

1045 N'accablez point, Madame, un prince malheureux,
Il ne faut point ici nous attendrir tous deux.
Un trouble assez cruel m'agite et me dévore,
Sans que des pleurs si chers me déchirent encore.
Rappelez bien plutôt ce cœur[2] qui tant de fois
1050 M'a fait de mon devoir reconnaître la voix.
Il en est temps. Forcez votre amour à se taire ;
Et d'un œil que la gloire et la raison éclaire[3]
Contemplez mon devoir dans toute sa rigueur.
Vous-même contre vous fortifiez mon cœur ;
1055 Aidez-moi, s'il se peut, à vaincre sa faiblesse,
À retenir des pleurs qui m'échappent sans cesse ;
Ou, si nous ne pouvons commander à nos pleurs,
Que la gloire[4] du moins soutienne nos douleurs ;
Et que tout l'univers reconnaisse sans peine
1060 Les pleurs d'un empereur et les pleurs d'une reine.
Car enfin, ma princesse, il faut nous séparer.

Bérénice

Ah ! cruel ! est-il temps de me le déclarer ?
Qu'avez-vous fait ? Hélas ! je me suis crue aimée.
Au plaisir de vous voir mon âme accoutumée
1065 Ne vit plus que pour vous. Ignoriez-vous vos lois,
Quand je vous l'avouai pour la première fois ?

----

1. **En sortant :** de son appartement.
2. **Cœur :** courage.
3. Accord du verbe avec le sujet le plus proche.
4. **Gloire :** honneur.

À quel excès d'amour m'avez-vous amenée !
Que ne me disiez-vous : « Princesse infortunée,
Où vas-tu t'engager, et quel est ton espoir ?
1070 Ne donne point un cœur qu'on ne peut recevoir. »
Ne l'avez-vous reçu, cruel, que pour le rendre,
Quand de vos seules mains ce cœur voudrait dépendre ?
Tout l'Empire a vingt fois conspiré contre nous.
Il était temps encor : que ne me quittiez-vous ?
1075 Mille raisons alors consolaient ma misère :
Je pouvais de ma mort accuser votre père,
Le peuple, le sénat, tout l'Empire romain,
Tout l'univers, plutôt qu'une si chère main.
Leur haine, dès[1] longtemps contre moi déclarée,
1080 M'avait à mon malheur dès longtemps préparée.
Je n'aurais pas, Seigneur, reçu ce coup cruel
Dans le temps que[2] j'espère un bonheur immortel,
Quand votre heureux amour peut tout ce qu'il désire,
Lorsque Rome se tait, quand votre père expire,
1085 Lorsque tout l'univers fléchit à vos genoux,
Enfin quand je n'ai plus à redouter que vous.

TITUS

Et c'est moi seul aussi qui pouvais me détruire.
Je pouvais vivre alors et me laisser séduire.
Mon cœur se gardait bien d'aller dans l'avenir
1090 Chercher ce qui pouvait un jour nous désunir.
Je voulais qu'à mes vœux rien ne fût invincible,
Je n'examinais rien, j'espérais l'impossible.
Que sais-je ? J'espérais de mourir à vos yeux
Avant que d'en venir à ces cruels adieux.
1095 Les obstacles semblaient renouveler ma flamme.
Tout l'Empire parlait. Mais la gloire[3], Madame,
Ne s'était point encor fait entendre à mon cœur
Du ton dont elle parle au cœur d'un empereur.

---

1. **Dès :** depuis.
2. **Dans le temps que :** au moment où.
3. **Gloire :** réputation intacte aux yeux d'autrui et de soi-même.

Je sais tous les tourments où[1] ce dessein me livre ;
1100 Je sens bien que sans vous je ne saurais plus vivre,
Que mon cœur de moi-même est prêt à s'éloigner ;
Mais il ne s'agit plus de vivre, il faut régner.

BÉRÉNICE

Hé bien ! régnez, cruel ; contentez votre gloire :
Je ne dispute[2] plus. J'attendais, pour vous croire,
1105 Que cette même bouche, après mille serments
D'un amour qui devait unir tous nos moments,
Cette bouche, à mes yeux s'avouant infidèle,
M'ordonnât elle-même une absence éternelle.
Moi-même j'ai voulu vous entendre en ce lieu.
1110 Je n'écoute plus rien, et pour jamais[3], adieu.
Pour jamais ! Ah ! Seigneur, songez-vous en vous-même
Combien ce mot cruel est affreux quand on aime ?
Dans un mois, dans un an, comment souffrirons-nous[4],
Seigneur, que tant de mers me séparent de vous ?
1115 Que le jour recommence et que le jour finisse
Sans que jamais Titus puisse voir Bérénice,
Sans que de tout le jour je puisse voir Titus ?
Mais quelle est mon erreur, et que de soins perdus[5] !
L'ingrat, de mon départ consolé par avance,
1120 Daignera-t-il compter les jours de mon absence ?
Ces jours si longs pour moi lui sembleront trop courts.

TITUS

Je n'aurai pas, Madame, à compter tant de jours.
J'espère que bientôt la triste renommée
Vous fera confesser que vous étiez aimée.
1125 Vous verrez que Titus n'a pu sans expirer…

---

1. **Où** : auxquels.
2. **Dispute** : discute.
3. **Pour jamais** : pour toujours.
4. **Souffrirons-nous** : supporterons-nous.
5. **Soins perdus** : soucis inutiles.

BÉRÉNICE

Ah ! Seigneur, s'il est vrai, pourquoi nous séparer ?
Je ne vous parle point d'un heureux hyménée :
Rome à ne vous plus voir m'a-t-elle condamnée ?
Pourquoi m'enviez-vous[1] l'air que vous respirez ?

TITUS

1130 Hélas ! vous pouvez tout, Madame. Demeurez :
Je n'y résiste point. Mais je sens ma faiblesse.
Il faudra vous combattre et vous craindre sans cesse,
Et sans cesse veiller à retenir mes pas,
Que vers vous à toute heure entraînent vos appas[2].
1135 Que dis-je ? En ce moment mon cœur, hors de lui-même,
S'oublie, et se souvient seulement qu'il vous aime.

BÉRÉNICE

Hé bien, Seigneur, hé bien, qu'en peut-il arriver ?
Voyez-vous les Romains prêts à se soulever ?

TITUS

Et qui sait de quel œil ils prendront cette injure ?
1140 S'ils parlent, si les cris succèdent au murmure,
Faudra-t-il par le sang justifier mon choix ?
S'ils se taisent, Madame, et me vendent leurs lois,
À quoi m'exposez-vous ? Par quelle complaisance
Faudra-t-il quelque jour payer leur patience ?
1145 Que n'oseront-ils point alors me demander ?
Maintiendrai-je des lois que je ne puis garder ?

BÉRÉNICE

Vous ne comptez pour rien les pleurs de Bérénice.

TITUS

Je les compte pour rien ? Ah ! ciel ! quelle injustice !

BÉRÉNICE

Quoi ? pour d'injustes lois que vous pouvez changer,

---

1. **M'enviez-vous :** me refusez-vous.
2. **Appas :** charmes.

1150 En d'éternels chagrins vous-même vous plonger ?
Rome a ses droits, Seigneur : n'avez-vous pas les vôtres ?
Ses intérêts sont-ils plus sacrés que les nôtres ?
Dites, parlez.

TITUS

Hélas ! Que vous me déchirez !

BÉRÉNICE

Vous êtes empereur, Seigneur, et vous pleurez !

TITUS

1155 Oui, Madame, il est vrai, je pleure, je soupire,
Je frémis. Mais enfin, quand j'acceptai l'empire,
Rome me fit jurer de maintenir ses droits :
Il les faut maintenir. Déjà plus d'une fois
Rome a de mes pareils exercé[1] la constance.
1160 Ah ! si vous remontiez jusques à sa naissance,
Vous les verriez toujours à ses ordres soumis.
L'un, jaloux de sa foi[2], va chez les ennemis
Chercher avec la mort la peine toute prête[3] ;
D'un fils victorieux l'autre proscrit la tête[4] ;
1165 L'autre, avec des yeux secs et presque indifférents,
Voit mourir ses deux fils, par son ordre expirants[5].
Malheureux ! Mais toujours la patrie et la gloire
Ont parmi les Romains remporté la victoire.
Je sais qu'en vous quittant le malheureux Titus
1170 Passe[6] l'austérité de toutes leurs vertus ;
Qu'elle n'approche point de cet effort insigne ;
Mais, Madame, après tout, me croyez-vous indigne

---

1. **Exercé** : mis à l'épreuve.
2. **Jaloux de sa foi** : qui a à cœur de rester fidèle à sa patrie.
3. Régulus, romain prisonnier des Carthaginois et envoyé par eux à Rome pour négocier, fit volontairement échouer sa mission et retourna à Carthage où il fut torturé et exécuté (255 av. J.-C.).
4. Manlius Torquatus fit exécuter son fils parce que celui-ci avait combattu (et remporté la victoire) sans l'ordre de son père (en 340 av. J.-C.).
5. Lucius Junius Brutus fit exécuter ses deux fils qui avaient comploté pour rétablir la royauté (509 av. J.-C.).
6. **Passe** : surpasse.

De laisser un exemple à la postérité
Qui sans de grands efforts ne puisse être imité ?

BÉRÉNICE

1175 Non, je crois tout facile à votre barbarie.
Je vous crois digne, ingrat, de m'arracher la vie.
De tous vos sentiments mon cœur est éclairci.
Je ne vous parle plus de me laisser ici.
Qui ? moi ? j'aurais voulu, honteuse et méprisée,
1180 D'un peuple qui me hait soutenir la risée ?
J'ai voulu vous pousser jusques à ce refus.
C'en est fait, et bientôt vous ne me craindrez plus.
N'attendez pas ici que j'éclate en injures,
Que j'atteste le ciel, ennemi des parjures.
1185 Non, si le ciel encore est touché de mes pleurs,
Je le prie en mourant d'oublier mes douleurs.
Si je forme des vœux contre votre injustice,
Si devant que[1] mourir la triste Bérénice
Vous veut de son trépas laisser quelque vengeur,
1190 Je ne le cherche, ingrat, qu'au fond de votre cœur.
Je sais que tant d'amour n'en peut être effacée[2] ;
Que ma douleur présente et ma bonté passée,
Mon sang, qu'en ce palais je veux même verser,
Sont autant d'ennemis que je vais vous laisser :
1195 Et, sans me repentir de ma persévérance,
Je me remets sur eux de toute ma vengeance.
Adieu.

---

1. Devant que : avant de.
2. *Amour* est indifféremment masculin ou féminin au XVIIe siècle.

■ SITUER

Titus est sorti vainqueur de son dilemme : il est désormais convaincu du bien-fondé de sa décision. Mais comment l'expliquer à Bérénice ?

■ RÉFLÉCHIR

STRATÉGIES : rapports de forces et tactiques suspectes

1. À l'aide du tableau ci-dessous, analysez les différentes désignations d'un personnage par l'autre et par lui-même (**B.** = Bérénice ; **T.** = Titus). Que nous révèle cette diversité ?

Situation d'énonciation / Termes employés	**B.** *parlant à/de* **T.**	**T.** *parlant à/ de* **B.**	**B.** *parlant d'elle-même*	**T.** *parlant de lui-même*
Pronoms personnels				
Apostrophes				

2. À quel compromis Bérénice est-elle prête à consentir dans les vers 1126-1129 ? Pour quelles raisons Titus le refuse-t-il ?

3. Quelle autre stratégie Bérénice adopte-t-elle dans sa dernière réplique ? Cette menace est-elle nouvelle ? Justifiez vos réponses.

4. Établissez la liste des arguments et des objections présentés par chacun des deux protagonistes*. Quelles dissymétries constatez-vous ?

5. Observez l'évolution des rapports de forces au cours de cette scène ; qui sort le plus fort de ce long affrontement ? Peut-on dire qu'il s'agit d'une victoire ? Justifiez vos réponses.

THÈMES : les visages du temps

6. Relevez toutes les marques de temps dans les vers 1081-1086 : quel est l'effet produit ?

7. Relevez et observez les allusions au passé dans le discours de chaque personnage : quelle utilisation en font-ils respectivement ?

8. Quels sont les futurs envisagés par Bérénice ? et par Titus ? Où et comment se rejoignent-ils ?

REGISTRES ET TONALITÉS : des tentatives variées

9. Dans quels vers de Bérénice décèle-t-on une ironie douloureuse ? Est-ce une stratégie de sa part ? Pourquoi ?

10. Étudiez les différentes tonalités de la réplique de Bérénice dans les vers 1103-1121 ; par quels sentiments passe-t-elle successivement ?

11. Étudiez dans les vers 1103-1121 les formes et les fonctions des répétitions.

DIRE

12. D'après Pierre Larthomas (*Le Langage dramatique,* 1980), Sarah Bernhardt avait « une façon toute particulière de déclamer » les vers 1113-1117 ; elle les disait « sans reprendre son souffle, et presque sans expression, sans tenir compte non plus de la syntaxe, des intonations et des coupes que le texte aurait dû lui imposer ».

a) Essayez de déclamer ces vers à la manière de Sarah Bernhardt. À quelle interprétation du passage cette diction correspond-elle ?

b) Quelles autres propositions feriez-vous pour les prononcer ?

SCÈNE 6. TITUS, PAULIN.

PAULIN
Dans quel dessein vient-elle de sortir,
Seigneur ? Est-elle enfin disposée à partir ?

TITUS
Paulin, je suis perdu, je n'y pourrai survivre.
1200 La reine veut mourir. Allons, il faut la suivre.
Courons à son secours.

PAULIN
Hé quoi ! n'avez-vous pas
Ordonné dès tantôt qu'on observe[1] ses pas ?
Ses femmes, à toute heure autour d'elle empressées,
Sauront la détourner de ces tristes[2] pensées.
1205 Non, non, ne craignez rien. Voilà les plus grands coups,
Seigneur : continuez, la victoire est à vous.
Je sais que sans pitié vous n'avez pu l'entendre ;
Moi-même en la voyant je n'ai pu m'en défendre.
Mais regardez plus loin. Songez, en ce malheur,
1210 Quelle gloire va suivre un moment de douleur,
Quels applaudissements l'univers vous prépare,
Quel rang dans l'avenir.

TITUS
Non, je suis un barbare.
Moi-même je me hais. Néron, tant détesté,
N'a point à cet excès poussé sa cruauté.
1215 Je ne souffrirai point que Bérénice expire.
Allons, Rome en dira ce qu'elle en voudra dire.

PAULIN
Quoi ! Seigneur !

---
1. **Observe** : surveille.
2. **Tristes** : funestes.

TITUS

Je ne sais, Paulin, ce que je dis.
L'excès de la douleur accable mes esprits.

PAULIN

Ne troublez point le cours de votre renommée :
1220 Déjà de vos adieux la nouvelle est semée.
Rome, qui gémissait, triomphe avec raison ;
Tous les temples ouverts fument en votre nom,
Et le peuple, élevant vos vertus jusqu'aux nues,
Va partout de lauriers couronner vos statues.

TITUS

1225 Ah ! Rome ! Ah ! Bérénice ! Ah ! prince malheureux !
Pourquoi suis-je empereur ? Pourquoi suis-je amoureux ?

SCÈNE 7. TITUS, ANTIOCHUS, PAULIN, ARSACE.

ANTIOCHUS

Qu'avez-vous fait, Seigneur ? l'aimable[1] Bérénice
Va peut-être expirer dans les bras de Phénice.
Elle n'entend ni pleurs, ni conseils, ni raison ;
1230 Elle implore à grands cris le fer[2] et le poison.
Vous seul vous lui pouvez arracher cette envie :
On vous nomme, et ce nom la rappelle à la vie.
Ses yeux, toujours tournés vers votre appartement,
Semblent vous demander de moment en moment.
1235 Je n'y puis résister, ce spectacle me tue.
Que[3] tardez-vous ? Allez vous montrer à sa vue.
Sauvez tant de vertus, de grâces, de beauté,
Ou renoncez, Seigneur, à toute humanité.
Dites un mot.

---

1. **Aimable :** digne d'être aimée.
2. Le poignard, pour se tuer (synecdoque*).
3. **Que :** pourquoi.

TITUS

Hélas ! quel mot puis-je lui dire ?
1240 Moi-même en ce moment sais-je si je respire ?

SCÈNE 8. TITUS, ANTIOCHUS, PAULIN, ARSACE, RUTILE.

RUTILE

Seigneur, tous les tribuns, les consuls, le sénat,
Viennent vous demander au nom de tout l'État.
Un grand peuple[1] les suit, qui, plein d'impatience,
Dans votre appartement attend votre présence.

TITUS

1245 Je vous entends[2], grands dieux ! Vous voulez rassurer
Ce cœur que vous voyez tout prêt à s'égarer.

PAULIN

Venez, Seigneur, passons dans la chambre prochaine[3] :
Allons voir le sénat.

ANTIOCHUS

Ah ! courez chez la reine.

PAULIN

Quoi ! vous pourriez, Seigneur, par cette indignité,
1250 De l'empire à vos pieds fouler la majesté ?
Rome…

---

1. **Peuple :** foule.
2. **Entends :** comprends.
3. **Prochaine :** voisine.

TITUS

Il suffit, Paulin, nous allons les entendre[1].
(À Antiochus.)
Prince, de ce devoir je ne puis me défendre.
Voyez la reine. Allez. J'espère à mon retour
Qu'elle ne pourra plus douter de mon amour[2].

---

1. **Entendre :** écouter.
2. Dans l'édition de 1671, Racine avait ajouté une scène 9 :

SCÈNE 9. ANTIOCHUS, ARSACE.

1255 Arsace, que dis-tu de toute ma conduite ?
    Rien ne pouvait tantôt s'opposer à ma fuite.
    Bérénice et Titus offensaient mes regards :
    Je partais pour jamais. Voilà comme je pars.
    Je rentre, et dans les pleurs je retrouve la Reine.
1260 J'oublie en même temps ma vengeance et ma haine :
    Je m'attendris aux pleurs qu'un rival fait couler.
    Moi-même à son secours je le viens appeler.
    Et si sa diligence eût secondé mon zèle,
1265 J'allais, victorieux, le conduire auprès d'elle.
    Malheureux que je suis ! avec quelle chaleur
    J'ai travaillé sans cesse à mon propre malheur !
    C'en est trop. De Titus portons-lui les promesses,
    Arsace. Je rougis de toutes mes faiblesses.
1270 Désespéré, confus, à moi-même odieux,
    Laisse-moi ; je me veux cacher même à tes yeux.

SITUER

Titus a enfin prononcé les mots fatidiques. Après des tentatives désespérées pour fléchir cette résolution, Bérénice a quitté la scène sur un chantage au suicide…

RÉFLÉCHIR

DRAMATURGIE : vers la catastrophe

1. Quels éléments produisent une sensation d'accélération en cette fin d'acte IV ? Cette rapidité soudaine vous paraît-elle normale ? Justifiez votre réponse.

2. L'édition de 1671 comportait une scène supplémentaire (voir note 2, p. 105). Pourquoi Racine a-t-il préféré la supprimer ?

3. Les scènes 6, 7 et 8 comportent chacune un bref récit : quelle est la fonction respective de ces récits ? Quels moyens rendent très vivantes les scènes se déroulant loin des spectateurs ?

STRATÉGIES : le devoir et le cœur

4. Quels termes et quelles réalités de la Rome impériale sont mentionnés ici ? Par qui ? Auxquels Titus paraît-il le plus sensible ?

5. Par quels moyens Paulin encourage-t-il Titus à persévérer dans la fermeté (scène 6) ?

6. Analysez le rôle de l'intervention d'Antiochus (scène 7). Quelle est la valeur symbolique de Paulin et d'Antiochus dans les scènes 6 et 7 ?

PERSONNAGES : Titus glorieux ?

7. En vous reportant à la scène 5, précisez la conception que se fait Titus de sa gloire.

8. Titus vacille de nouveau : quelles sont ses résolutions successives dans les scènes 6, 7, 8 ? Pouvons-nous deviner celle qui l'emportera ?

9. Quelles significations pouvons-nous donner à la dernière réplique de Titus (scène 8) ? Pourquoi finir l'acte IV sur cette ambiguïté ?

ÉCRIRE

10. Imaginez un dialogue théâtral qui illustre le récit d'Antiochus dans les vers 1227-1234. Vous ferez intervenir Phénice et Antiochus dans ce dialogue.

DRAMATURGIE : ultimes hésitations

Les événements se précipitent, annonçant ainsi la catastrophe du dernier acte.

1. Comment l'action a-t-elle progressé au cours de l'acte IV ? Pourquoi était-ce devenu nécessaire ?

2. Titus est confronté à un dilemme. Selon qu'il choisit Rome ou Bérénice, l'action bascule d'un côté ou de l'autre ; quels schémas actantiels* peut-on établir au cours de cet acte en prenant l'empereur comme sujet ?

3. L'acte IV présente deux longues scènes, points culminants de l'intrigue avant le dénouement : le monologue délibératif de Titus (scène 4), puis l'affrontement de l'empereur avec Bérénice (scène 5). Laquelle vous paraît capitale sur le plan dramatique et sur le plan émotionnel ? Justifiez vos réponses.

PERSONNAGES : dessillés et résolus

Le couronnement a fait de Titus un homme nouveau, prêt à affronter ses responsabilités, quoi qu'il lui en coûte. Les destins de Bérénice et Antiochus sont scellés par sa résolution.

4. R. Picard voit dans Bérénice une « tragédie de la grâce » : Titus va « servir sa gloire, de la même façon que le croyant, touché par la grâce, se dévoue à sa foi ». Où et comment la « grâce » se manifeste-t-elle dans cet acte ?

5. La révélation directe de Titus a eu enfin raison de l'aveuglement de Bérénice ; mais le réveil est douloureux pour l'amante passionnée ; quels sentiments la fin des illusions provoque-t-elle en elle ? Quelles sont les craintes du spectateur à son égard ?

6. La présence d'Antiochus dans l'acte IV se restreint aux scènes 7 et 8, la scène 9 ayant été supprimée par Racine. Quel est le poids de ses répliques en cette fin d'acte ? Quelle est la signification de cet effacement progressif ?

REGISTRES ET TONALITÉS : le sommet de l'émotion

Le pathétique semble atteindre son paroxysme dans ces quelques scènes où l'affrontement douloureux se mue progressivement en élégie*.

7. La destinée de Titus était de mourir jeune, après un règne bref (voir p. 140) ; relevez dans cet acte les allusions à son avenir historique. Quel effet Racine tire-t-il de ce « pressentiment » ?

8. D'après Jacques Schérer, l'acte IV d'une tragédie classique est « le lieu du sommet de l'émotion ». Comparez la tonalité de cet acte avec celle des précédents, et dites si cette affirmation vous paraît fondée.

■ ÉCRIRE

9. Réfléchissez aux dénouements possibles au terme de cet acte, puis établissez avec précision le plan d'un acte V en cinq scènes qui satisfasse aux règles classiques du dénouement tragique : rapide, nécessaire, complet.

ACTE V

SCÈNE PREMIÈRE. ARSACE, *seul.*

1255 Où pourrai-je trouver ce prince trop fidèle ?
Ciel, conduisez mes pas, et secondez mon zèle.
Faites qu'en ce moment je lui puisse annoncer
Un bonheur où[1] peut-être il n'ose plus penser.

SCÈNE 2. ANTIOCHUS, ARSACE.

ARSACE

Ah ! quel heureux destin en ces lieux vous renvoie,
1260 Seigneur ?

ANTIOCHUS

       Si mon retour t'apporte quelque joie,
Arsace, rends-en grâce à mon seul désespoir.

ARSACE

La reine part, Seigneur.

ANTIOCHUS

       Elle part ?

ARSACE

               Dès ce soir.
Ses ordres sont donnés. Elle s'est offensée
Que Titus à ses pleurs l'ait si longtemps laissée.
1265 Un généreux[2] dépit succède à sa fureur :
Bérénice renonce à Rome, à l'empereur,
Et même veut partir avant que Rome instruite
Puisse voir son désordre et jouir de sa fuite.
Elle écrit à César[3].

---

1. **Où** : auquel.
2. **Généreux** : noble.
3. Titus.

ANTIOCHUS

Ô ciel ! qui l'aurait cru ?

1270 Et Titus ?

ARSACE

À ses yeux Titus n'a point paru.
Le peuple avec transport[1] l'arrête et l'environne,
Applaudissant aux noms[2] que le sénat lui donne ;
Et ces noms, ces respects, ces applaudissements
Deviennent pour Titus autant d'engagements
1275 Qui le liant, Seigneur, d'une honorable[3] chaîne,
Malgré tous ses soupirs et les pleurs de la reine,
Fixent dans son devoir ses vœux irrésolus.
C'en est fait, et peut-être il ne la verra plus.

ANTIOCHUS

Que de sujets d'espoirs, Arsace, je l'avoue !
1280 Mais d'un soin si cruel la fortune me joue[4],
J'ai vu tous mes projets tant de fois démentis
Que j'écoute en tremblant tout ce que tu me dis ;
Et mon cœur, prévenu[5] d'une crainte importune,
Croit, même en espérant, irriter la fortune.
1285 Mais que vois-je ? Titus porte vers nous ses pas.
Que veut-il ?

SCÈNE 3. TITUS, ANTIOCHUS, ARSACE.

TITUS, *en entrant.*

Demeurez : qu'on ne me suive pas.
Enfin, Prince, je viens dégager ma promesse[6].
Bérénice m'occupe et m'afflige sans cesse.

---

1. **Transport :** enthousiasme.
2. **Noms :** titres.
3. **Honorable :** pleine d'honneurs.
4. Le destin met un soin si cruel à me tromper.
5. **Prévenu :** sous l'influence.
6. **Dégager ma promesse :** tenir mes engagements

SITUER

Bérénice touche le fond du désespoir. Titus va-t-il s'en tenir à sa décision ? Antiochus peut-il espérer ?

RÉFLÉCHIR

STRUCTURE : morcellement et unité

1. Ces quatre premières scènes donnent une impression de morcellement : est-ce une maladresse de Racine ? Justifiez votre réponse. Quelle unité vient rectifier ce sentiment ?

2. Pour pallier l'effet de fragmentation, Racine joue sur l'enchaînement des scènes. Quels types de liaisons (voir p. 136) remarquez-vous dans les scènes 1 à 4 ? Le résultat vous paraît-il naturel ou artificiel ? Pourquoi ?

GENRES : un suspense cruel

3. La nouvelle apportée par Arsace dans la scène 2 est-elle un coup de théâtre * ? Pourquoi ?

4. La volte-face de Bérénice peut-elle encore modifier le dénouement ? Justifiez votre réponse.

5. Quelle signification Antiochus attribue-t-il aux propos de Titus à la scène 3 ? et le spectateur ? Quel est l'intérêt dramatique de l'équivoque ?

THÈMES : fatalité et désespoir

6. Étudiez l'évolution des sentiments d'Antiochus de la scène 2 à la scène 4 ; où résume-t-il cette évolution ? Quelle est la signification du vers 1302 ?

7. Relevez les expressions désignant le désespoir de Titus et d'Antiochus : lequel des deux vous paraît le plus pathétique à cet instant ? Pourquoi ?

8. Quelle fatalité s'exerce contre les amours de Titus (scène 3) ? et contre Antiochus (scène 4) ? Pourquoi cette distinction est-elle intéressante sur le plan dramatique ?

ÉCRIRE

9. On annonce à Bérénice une nouvelle visite de Titus. En vous inspirant des procédés de la scène 4 (exclamations, interrogations, apostrophes), imaginez en une dizaine de lignes sa réaction et ses sentiments. Bérénice s'adressera à Phénice.

Je viens, le cœur percé de vos pleurs et des siens,
1290 Calmer des déplaisirs moins cruels que les miens.
Venez, Prince, venez. Je veux bien que vous-même
Pour la dernière fois vous voyez si je l'aime.
(Il passe dans l'appartement de Bérénice.)

SCÈNE 4. ANTIOCHUS, ARSACE.

ANTIOCHUS

Hé bien ! voilà l'espoir que tu m'avais rendu ;
Et tu vois le triomphe où j'étais attendu.
1295 Bérénice partait justement[1] irritée !
Pour ne la plus revoir, Titus l'avait quittée !
Qu'ai-je donc fait, grands dieux ? Quel cours infortuné
À ma funeste vie aviez-vous destiné ?
Tous mes moments ne sont qu'un éternel passage
1300 De la crainte à l'espoir, de l'espoir à la rage.
Et je respire encor ? Bérénice ! Titus !
Dieux cruels ! de mes pleurs vous ne vous rirez plus.
(Il sort.)

SCÈNE 5. TITUS, BÉRÉNICE, PHÉNICE.

BÉRÉNICE

Non, je n'écoute rien. Me voilà résolue :
Je veux partir. Pourquoi vous montrer à ma vue ?
1305 Pourquoi venir encore aigrir mon désespoir ?
N'êtes-vous pas content ? Je ne veux plus vous voir.

TITUS

Mais, de grâce, écoutez.

BÉRÉNICE
Il n'est plus temps.

---

1. **Justement :** à juste titre.

TITUS

Madame,
Un mot.

BÉRÉNICE

Non.

TITUS

Dans quel trouble elle jette mon âme !
Ma princesse, d'où vient ce changement soudain ?

BÉRÉNICE

1310 C'en est fait. Vous voulez que je parte demain ;
Et moi, j'ai résolu de partir tout à l'heure[1] ;
Et je pars.

TITUS

Demeurez.

BÉRÉNICE

Ingrat, que je demeure !
Et pourquoi ? Pour entendre un peuple injurieux
Qui fait de mon malheur retentir tous ces lieux ?
1315 Ne l'entendez-vous pas, cette cruelle joie,
Tandis que dans les pleurs moi seule je me noie ?
Quel crime, quelle offense a pu les animer ?
Hélas ! et qu'ai-je fait que de vous trop aimer ?

TITUS

Écoutez-vous, Madame, une foule insensée ?

BÉRÉNICE

1320 Je ne vois rien ici dont je ne sois blessée.
Tout cet appartement préparé par vos soins,
Ces lieux, de mon amour si longtemps les témoins,
Qui semblaient pour jamais me répondre du vôtre,
Ces festons, où nos noms enlacés l'un dans l'autre

---

1. **Tout à l'heure :** tout de suite.

Vous m'aimez, vous me le soutenez ;
Et cependant je pars, et vous me l'ordonnez !

Acte V. Sc. 5.

Illustration de Moreau le Jeune pour *Bérénice*
(acte V, scène 5), gravée par J.-B. Simonet.

1325 À mes tristes regards viennent partout s'offrir,
Sont autant d'imposteurs que je ne puis souffrir.
Allons, Phénice.

TITUS
Ô ciel ! que vous êtes injuste !

BÉRÉNICE
Retournez, retournez vers ce sénat auguste
Qui vient vous applaudir de votre cruauté.
1330 Hé bien, avec plaisir l'avez-vous écouté ?
Êtes-vous pleinement content de votre gloire ?
Avez-vous bien promis d'oublier ma mémoire ?
Mais ce n'est pas assez expier vos amours :
Avez-vous bien promis de me haïr toujours ?

TITUS
1335 Non, je n'ai rien promis. Moi, que je vous haïsse !
Que je puisse jamais oublier Bérénice !
Ah ! dieux ! dans quel moment son injuste rigueur
De ce cruel soupçon vient affliger mon cœur !
Connaissez-moi[1], Madame, et depuis cinq années,
1340 Comptez tous les moments et toutes les journées
Où par plus de transports et par plus de soupirs
Je vous ai de mon cœur exprimé les désirs :
Ce jour surpasse tout. Jamais, je le confesse,
Vous ne fûtes aimée avec tant de tendresse ;
1345 Et jamais…

BÉRÉNICE
Vous m'aimez, vous me le soutenez,
Et cependant je pars, et vous me l'ordonnez !
Quoi ! dans mon désespoir trouvez-vous tant de charmes ?
Craignez-vous que mes yeux versent trop peu de larmes ?
Que[2] me sert de ce cœur l'inutile retour ?
1350 Ah ! cruel ! par pitié montrez-moi moins d'amour.

_____

1. **Connaissez-moi** : apprenez qui je suis véritablement.
2. **Que** : à quoi.

Ne me rappelez point une trop chère idée[1],
Et laissez-moi du moins partir persuadée
Que déjà de votre âme exilée en secret,
J'abandonne un ingrat qui me perd sans regret.
(Il lit une lettre.)
1355 Vous m'avez arraché ce que je viens d'écrire.
Voilà de votre amour tout ce que je désire.
Lisez, ingrat, lisez, et me laissez sortir.

TITUS

Vous ne sortirez point, je n'y puis consentir.
Quoi ? ce départ n'est donc qu'un cruel stratagème ?
1360 Vous cherchez à mourir ? Et de tout ce que j'aime
Il ne restera plus qu'un triste souvenir ?
Qu'on cherche Antiochus, qu'on le fasse venir.
(Bérénice se laisse tomber sur un siège.)

SCÈNE 6. TITUS, BÉRÉNICE.

TITUS

Madame, il faut vous faire un aveu véritable[2].
Lorsque j'envisageai le moment redoutable
1365 Où, pressé par les lois d'un austère devoir,
Il fallait pour jamais renoncer à vous voir ;
Quand de ce triste adieu je prévis les approches,
Mes craintes, mes combats, vos larmes, vos reproches,
Je préparai mon âme à toutes les douleurs
1370 Que peut faire sentir le plus grand des malheurs.
Mais, quoi que je craignisse, il faut que je le die[3],
Je n'en avais prévu que la moindre partie ;
Je croyais ma vertu[4] moins prête à succomber
Et j'ai honte du trouble où je la vois tomber.

---

1. **Idée :** image.
2. **Véritable :** sincère.
3. **Die :** dise ; autre forme du subjonctif présent au XVIIe siècle, choisie ici pour la rime avec « partie ».
4. **Vertu :** courage.

1375 J'ai vu devant mes yeux Rome entière assemblée ;
Le sénat m'a parlé ; mais mon âme accablée
Écoutait sans entendre, et ne leur[1] a laissé
Pour prix de leurs transports qu'un silence glacé.
Rome de votre sort est encore incertaine :
1380 Moi-même à tous moments je me souviens à peine
Si je suis empereur ou si je suis Romain[2].
Je suis venu vers vous sans savoir mon dessein.
Mon amour m'entraînait ; et je venais peut-être
Pour me chercher moi-même, et pour me reconnaître.
1385 Qu'ai-je trouvé ? Je vois la mort peinte en vos yeux ;
Je vois, pour la chercher, que vous quittez ces lieux :
C'en est trop. Ma douleur, à cette triste vue,
À son dernier excès est enfin parvenue.
Je ressens tous les maux que je puis ressentir ;
1390 Mais je vois le chemin par où j'en puis sortir.
Ne vous attendez point que las de tant d'alarmes,
Par un heureux hymen je tarisse vos larmes.
En quelque extrémité que vous m'ayez réduit,
Ma gloire inexorable à toute heure me suit ;
1395 Sans cesse elle présente à mon âme étonnée[3]
L'empire incompatible avec votre hyménée[4],
Me dit qu'après l'éclat et les pas que j'ai faits,
Je dois vous épouser encor moins que jamais.
Oui, Madame ; et je dois moins encore vous dire
1400 Que je suis prêt pour vous d'abandonner l'empire,
De vous suivre, et d'aller trop content de mes fers[5],
Soupirer avec vous au bout de l'univers.
Vous-même rougiriez de ma lâche conduite :
Vous verriez à regret marcher à votre suite
1405 Un indigne empereur, sans empire, sans cour,
Vil spectacle aux humains des faiblesses d'amour.

---

1. **Leur** : se rapporte aux Romains et aux sénateurs (voir les v. 1375-1376).
2. **Romain** : citoyen romain, obligé d'obéir aux lois de Rome.
3. **Étonnée** : stupéfaite.
4. **Votre hyménée** : un mariage avec vous.
5. **Fers** : chaînes de l'attachement amoureux (métaphore galante*).

Richard Fontana (TITUS) dans la mise en scène de Klaus Michael Grüber,
Comédie-Française, 1984-1985.

Pour sortir des tourments dont mon âme est la proie,
Il est, vous le savez, une plus noble voie.
Je me suis vu, Madame, enseigner ce chemin
1410 Et par plus d'un héros et par plus d'un Romain :
Lorsque trop de malheurs ont lassé leur constance,
Ils ont tous expliqué cette persévérance
Dont le sort s'attachait à les persécuter,
Comme un ordre secret de ne plus résister.
1415 Si vos pleurs plus longtemps viennent frapper ma vue,
Si toujours à mourir je vous vois résolue,
S'il faut qu'à tous moments je tremble pour vos jours,
Si vous ne me jurez d'en respecter le cours,
Madame, à d'autres pleurs vous devez vous attendre.
1420 En l'état où je suis je puis tout entreprendre,
Et je ne réponds pas[1] que ma main à vos yeux
N'ensanglante à la fin nos funestes adieux.

BÉRÉNICE

Hélas !

TITUS

Non, il n'est rien dont je ne sois capable.
Vous voilà de mes jours maintenant responsable.
1425 Songez-y bien, Madame. Et si je vous suis cher…

SCÈNE 7. TITUS, BÉRÉNICE, ANTIOCHUS.

TITUS

Venez, Prince, venez, je vous ai fait chercher[2].
Soyez ici témoin de toute ma faiblesse ;
Voyez si c'est aimer avec peu de tendresse :
Jugez-nous.

ANTIOCHUS

Je crois tout : je vous connais tous deux.

———————————————
1. Je ne réponds pas : je ne garantis pas.
2. Rime dite normande.

SITUER

« Pour la dernière fois », Titus est allé voir Bérénice. Antiochus veut mourir. La catastrophe est toute proche.

RÉFLÉCHIR

STRATÉGIES : perversion, tendresse et cruauté

1. Comparez la longueur des répliques, les types de phrases, le ton de Bérénice et Titus dans la scène 5, puis dans la scène 6 : que remarquez-vous ? À quel moment s'opère le renversement ?

2. Relevez les propos ironiques de Bérénice dans la scène 5 : que cache en fait cette âpreté ?

3. Pourquoi la tirade de Titus dans la scène 6 ne fait-elle pas double emploi avec ses propos de la scène 5 de l'acte IV ? Qu'y a-t-il de nouveau dans les arguments ? et dans leur ordre ?

4. Titus et Bérénice menacent de se suicider : quel est leur but respectif ? Obtiennent-ils l'effet escompté ? Justifiez vos réponses.

REGISTRES ET TONALITÉS : pathétique et tragique

5. Comment appelle-t-on le jeu de recherche et de fuite au début de la scène 5 ? Comparez-le avec une scène du même type dans le registre comique (*Le Médecin malgré lui*, I, 1 ; ou *Le Bourgeois gentilhomme*, III, 10) : comment Racine évite-t-il le ridicule et rend-il au contraire la tension pathétique de cette entrevue ?

6. Comparez les réactions de Bérénice à la scène 5 de l'acte IV et à la scène 6 de l'acte V : quelle évolution du personnage se révèle ici ? Quels indices annoncent le dénouement ?

7. Quel(s) dénouement(s) le spectateur craint-il à la fin de la scène 6 ? Quelle alternative subsiste pour éviter une issue sanglante ?

8. Pour quelles raisons avoir laissé le vers 1425 inachevé ?

MISE EN SCÈNE : la grandeur dans le désespoir

9. Observez l'éclairage, la physionomie et l'attitude du personnage page 118 : sur quels aspects du caractère de Titus et de sa relation au pouvoir mettent-ils l'accent ?

10. La scène 5 comporte deux didascalies* explicites : pourquoi étaient-elles nécessaires ? Quelles autres indications de mise en scène les répliques des personnages suggèrent-elles ? Lesquelles rajouteriez-vous si vous deviez faire jouer cette scène ?

DIRE

11. Léo Spitzer a parlé d'« effet de sourdine » pour qualifier la discrétion toute classique du style de Racine : expliquez comment et pourquoi la réalité de la mort est en effet estompée dans ces deux scènes.

1430 Mais connaissez vous-même un prince malheureux.
Vous m'avez honoré, Seigneur, de votre estime ;
Et moi, je puis ici vous le jurer sans crime,
À vos plus chers amis j'ai disputé ce rang :
Je l'ai disputé même aux dépens de mon sang.

1435 Vous m'avez, malgré moi, confié l'un et l'autre,
La reine son amour, et vous, Seigneur, le vôtre.
La reine, qui m'entend, peut me désavouer[1] :
Elle m'a vu toujours, ardent à vous louer,
Répondre par mes soins[2] à votre confidence.

1440 Vous croyez m'en devoir quelque reconnaissance ;
Mais le pourriez-vous croire en ce moment fatal,
Qu'un ami si fidèle était votre rival ?

TITUS

Mon rival !

ANTIOCHUS

                    Il est temps que je vous éclaircisse.
Oui, Seigneur, j'ai toujours adoré Bérénice.

1445 Pour ne la plus aimer, j'ai cent fois combattu.
Je n'ai pu l'oublier ; au moins je me suis tu.
De votre changement la flatteuse[3] apparence
M'avait rendu tantôt quelque faible espérance.
Les larmes de la reine ont éteint cet espoir.

1450 Ses yeux, baignés de pleurs, demandaient à vous voir.
Je suis venu, Seigneur, vous appeler moi-même ;
Vous êtes revenu. Vous aimez, on vous aime ;
Vous vous êtes rendu : je n'en ai point douté.
Pour la dernière fois je me suis consulté ;

1455 J'ai fait de mon courage une épreuve dernière ;
Je viens de rappeler ma raison tout entière :
Jamais je ne me suis senti plus amoureux.
Il faut d'autres efforts[4] pour rompre tant de nœuds :

----

1. **Désavouer :** démentir.
2. **Mes soins :** ma sollicitude. – **Confidence :** confiance.
3. **Flatteuse :** trompeuse.
4. **D'autres efforts** que ceux de la raison.

Ce n'est qu'en expirant que je puis les détruire ;
1460 J'y cours. Voilà de quoi j'ai voulu vous instruire.
Oui, Madame, vers vous j'ai rappelé ses pas :
Mes soins[1] ont réussi, je ne m'en repens pas.
Puisse le ciel verser sur toutes vos années
Mille prospérités l'une à l'autre enchaînées !
1465 Ou s'il vous garde encore un reste de courroux,
Je conjure les dieux d'épuiser tous les coups
Qui pourraient menacer une si belle vie,
Sur ces jours malheureux que je vous sacrifie.

BÉRÉNICE, *se levant.*

Arrêtez, arrêtez. Princes trop généreux,
1470 En quelle extrémité me jetez-vous tous deux !
Soit que je vous[2] regarde, ou que je l'envisage,
Partout du désespoir je rencontre l'image.
Je ne vois que des pleurs, et je n'entends parler
Que de trouble, d'horreurs, de sang prêt à couler.
(*À Titus.*)
1475 Mon cœur vous est connu, Seigneur, et je puis dire
Qu'on ne l'a jamais vu soupirer pour l'empire.
La grandeur des Romains, la pourpre des Césars[3]
N'ont point, vous le savez, attiré mes regards.
J'aimais, Seigneur, j'aimais, je voulais être aimée.
1480 Ce jour, je l'avouerai, je me suis alarmée :
J'ai cru que votre amour allait finir son cours.
Je connais[4] mon erreur, et vous m'aimez toujours.
Votre cœur s'est troublé, j'ai vu couler vos larmes :
Bérénice, Seigneur, ne vaut point tant d'alarmes,
1485 Ni que par votre amour l'univers malheureux[5],
Dans le temps[6] que Titus attire tous ses vœux

---

1. **Soins :** efforts.
2. **Vous :** Antiochus. – **Que je l'envisage :** que je regarde Titus en face.
3. **La pourpre des Césars :** la dignité impériale.
4. **Connais :** reconnais.
5. Et ne mérite pas que l'univers, victime de votre amour… se voie (v. 1488).
6. **Dans le temps que :** au moment où.

Et que de vos vertus il goûte les prémices,
Se voie en un moment enlever ses délices[1].
Je crois, depuis cinq ans jusqu'à ce dernier jour,
1490 Vous avoir assuré d'un véritable amour.
  Ce n'est pas tout : je veux, en ce moment funeste,
  Par un dernier effort couronner tout le reste :
  Je vivrai, je suivrai vos ordres absolus.
  Adieu, Seigneur, régnez : je ne vous verrai plus.
    (À Antiochus.)
1495 Prince, après cet adieu, vous jugez bien vous-même
  Que je ne consens pas de quitter ce que j'aime
  Pour aller loin de Rome écouter d'autres vœux[2].
  Vivez, et faites-vous un effort généreux[3].
  Sur Titus et sur moi réglez votre conduite.
1500 Je l'aime, je le fuis ; Titus m'aime, il me quitte.
  Portez loin de mes yeux vos soupirs et vos fers.
  Adieu : servons tous trois d'exemple à l'univers
  De l'amour la plus tendre et la plus malheureuse
  Dont il puisse garder l'histoire douloureuse.
1505 Tout est prêt. On m'attend. Ne suivez point mes pas.
    (À Titus.)
  Pour la dernière fois, adieu, Seigneur.

                    ANTIOCHUS

                                        Hélas !

---

1. D'après l'historien Suétone (69-126 apr. J.-C.), Titus fut surnommé *« les délices du genre humain » (Vies des douze Césars)*.
2. **D'autres vœux :** les soupirs d'un autre.
3. **Faites-vous un effort généreux :** faites sur vous un noble effort.

ACTE V   SCÈNE 7

Leurs chantages désespérés à la mort ont conduit Titus et Bérénice à une impasse tragique. Comment Antiochus pourrait-il influer sur le dénouement ?

DRAMATURGIE : un dénouement longuement préparé

1. Jusqu'où se poursuit le quiproquo* établi à la scène 3 ? Quel est l'intérêt dramatique de la poursuite de cette méprise ?

2. À quelle didascalie antérieure celle qui précède le vers 1469 renvoie-t-elle ? Quelle est la signification de chacune ?

3. Où le dénouement commence-t-il ? Pourquoi l'avoir différé si longtemps et pourquoi cette brièveté ?

THÈMES : des sacrifices poignants

4. Quoique Antiochus formule de nouveau son intention de mourir, ce dessein a désormais une signification différente : laquelle ?

5. Pour quelle raison Bérénice renonce-t-elle finalement à la mort ? La situation finale paraît-elle plus ou moins tragique que le suicide qui menaçait ? Pourquoi ?

6. De quelle « générosité » Titus a-t-il fait preuve ? et Antiochus ? Comment Bérénice peut-elle rivaliser avec eux ?

7. Antiochus, méprisé par Bérénice pendant toute la tragédie, est comme « réhabilité » : quels éléments le prouvent ? Pourquoi ce changement ?

MISE EN SCÈNE : comment jouer le final ?

8. Exceptée l'exclamation du vers 1443, Titus ne prononce plus un mot jusqu'à la fin de la pièce. Quelle place et quelles attitudes recommanderiez-vous à l'acteur d'adopter pour ce dénouement ? Comment interprétez-vous cette présence en retrait ?

9. Est-ce le tragique ou le pathétique qui vous paraît dominer dans cette scène finale ? Vous répondrez à cette question dans un développement composé prenant appui sur le texte de la scène 7.

DRAMATURGIE : un dénouement atypique

Généralement les catastrophes se succèdent dans les dernières scènes de la tragédie. D'une rapidité foudroyante, le dénouement de *Bérénice* se concentre dans les tout derniers vers. Il est rare que l'action reste en suspens à ce point.

1. À votre avis, pourquoi Racine a-t-il radicalisé ici l'exigence classique de rapidité ?

2. Les doctes imposent aussi un dénouement « complet », qui fixe le sort de tous les personnages. Or, au terme de *Bérénice*, la confusion règne quant à l'avenir des protagonistes. À quelles critiques Racine s'expose-t-il en laissant vivre ses héros ? Pourquoi peut-on néanmoins dire que son dénouement est complet ?

3. L'acte V est ponctué par trois menaces de suicide ; retrouvez-les. Cependant, aucun personnage ne met finalement sa menace à exécution : le dénouement en est-il moins tragique ? En quoi un dénouement sanglant modifierait-il le sens de la pièce ?

PERSONNAGES : noblesse et grandeur d'âme

C'est seulement au terme de l'action que les personnages révèlent toute leur générosité de héros tragiques.

4. Bérénice est restée sur ses positions pendant les quatre premiers actes ; au cours de l'acte V au contraire, elle est passée par trois résolutions successives : partir-mourir-souffrir. Cette évolution rapide contraste avec son entêtement persistant. Quelle impression produit ce changement sur le spectateur ?

5. « Il n'y a que le vraisemblable qui touche dans la tragédie », écrit Racine dans sa préface. La volte-face de Bérénice à la scène 7 tient lieu de coup de théâtre final : cette étonnante conversion est-elle un comportement vraisemblable de la part de Bérénice ? Pourquoi ?

6. Personnage ambigu, Titus a changé de discours entre l'acte IV et l'acte V. Est-ce un calcul de sa part et faut-il l'accuser d'hypocrisie ? Pourquoi ?

7. Au terme de l'acte V, Antiochus ne peut plus être considéré comme un personnage secondaire, mais il mérite le titre de héros tragique : non seulement il ne subit plus l'action passivement, mais il en infléchit directement le cours ; en quoi son rôle est-il déterminant dans le dénouement ? À quels moments, dans les actes précédents, sa noblesse était-elle apparue ?

REGISTRES ET TONALITÉS : **une ineffable tristesse**

Pour la première et unique fois de la pièce, les héros sont réunis sur la scène (voir p. 150-151).

8. Le mot « gloire », étendard de l'amour-propre, a fréquemment été employé par Titus et Bérénice au cours de leurs affrontements ; or il est absent de cette scène : qu'en déduisez-vous ? Quel est l'effet de cette absence sur la tonalité de la scène ?

9. Le procédé du rassemblement sert d'habitude à « atténuer par une ultime confrontation la tristesse d'un dénouement malheureux » (Jacques Schérer). Est-ce le cas ici ? Pourquoi ?

10. Comparez l'exclamation finale d'Antiochus avec la dernière réplique de Pylade dans *Andromaque* ; toutes deux ont été critiquées : contrarient-elles le pathétique du final ? Pourquoi ?

DRAMATURGIE : une intrigue épurée
Racine a voulu une action réduite au minimum pour faire mieux entendre le chant de la passion.

1. L'intrigue de *Bérénice* unit un fil principal (la passion contrariée de l'empereur et de la reine) et un fil secondaire (l'amour d'Antiochus). Cette dualité vous paraît-elle nuire à l'unité d'action (voir p. 150-151) ? L'influence d'Antiochus sur l'intrigue principale au cours de la pièce vous paraît-elle négligeable ? Justifiez votre réponse.

2. L'action, « chargée de peu de matière », paraît souvent s'immobiliser. Établissez un schéma de la situation initiale puis de la situation finale de la tragédie. Quelle(s) différence(s) observez-vous ? Qu'en déduisez-vous ?

3. Du début à la fin de la pièce, aucun élément extérieur n'intervient de manière décisive sur cette tragédie « en vase clos » ; pourquoi, dans un certain sens, ce drame psychologique est-il plus impressionnant qu'une intrigue multipliant les péripéties ou utilisant le deus ex machina* ?

4. Selon Lucien Goldmann, « le sujet de *Bérénice*, c'est le dialogue entre Titus devenu tragique, avant que la pièce ne commence, et Bérénice qui ne le deviendra qu'à l'instant où la pièce finira ; c'est l'entrée de Bérénice dans l'univers de la tragédie ». Ce résumé vous paraît-il juste ? Pourquoi ?

PERSONNAGES : trois caractères sublimes
La grandeur d'âme des héros leur permet de surmonter leur dilemme, mais non leur souffrance.

5. Chez Titus, après de longs et douloureux débats intérieurs, la raison d'État finit par l'emporter. Vous paraît-il pour autant plus empereur qu'amoureux ? Pourquoi ?

6. Observez la fréquence d'apparition de Bérénice ainsi que le nombre de vers qu'elle prononce (voir p. 150-151), puis comparez avec les personnages de Titus et d'Antiochus. Que remarquez-vous ? En quoi cette contradiction est-elle symbolique de l'héroïne ?

7. On a souvent vu dans Antiochus un personnage galant, purement élégiaque et un peu fade, « le double en quelque sorte inversé de Titus », dit Jacques Lassalle. Êtes-vous d'accord avec cette définition qui fait du personnage une simple doublure ? Pourquoi ?

GENRES : Racine et les règles de la tragédie classique
Les unités de temps et de lieu, contraignantes pour le dramaturge, contribuent à la force tragique et à l'émotion propres à *Bérénice*.

8. D'après Jacques Schérer, « si la tragédie s'enferme dans la règle des vingt-quatre heures, c'est pour sommer les personnages de trouver de façon quasi instantanée la solution de leurs conflits. Il n'y a pas de demain : c'est aujourd'hui qu'il faut trouver ». Comment *Bérénice* confirme-t-elle ce jugement, comment le dément-elle ?

9. En raison du dépouillement de l'action, le spectateur a l'impression d'une coïncidence presque parfaite entre le temps dramatique et le temps réel. Quel est l'effet produit ?

10. Relevez les indications de lieu (didascalie initiale ; première et dernières scènes…) et comparez-les avec celles d'autres tragédies ; que remarquez-vous ? Quels effets Racine tire-t-il de cette contrainte supplémentaire ?

REGISTRES ET TONALITÉS : exprimer la douleur
Quoique non sanglant, le dénouement de *Bérénice* est pathétique en raison des sacrifices consentis par les héros et de la séparation qui en résulte.

11. « Toujours aimer, toujours souffrir, toujours mourir », s'écrie un personnage de Corneille. Comment rectifier cet alexandrin pour qu'il résume l'esthétique tragique de la pièce ? En quoi cela modifie-t-il la tonalité de la tragédie ?

12. Racine, « poète de l'anxiété » : comment *Bérénice* illustre-t-elle ce jugement de Stendhal ?

■ ÉCRIRE

13. « *Bérénice*, à vrai dire, n'est pas une tragédie ; il n'y coule que des pleurs, et point de sang », estime Théophile Gautier. Et un critique contemporain écrit : « Ni née d'un crime, ni close par la violence, la pièce accomplit son destin de tragédie en n'étant rien que le bris d'un silence qui précède un retour au silence. » En vous appuyant sur votre connaissance de la pièce (et de sa préface), ainsi que sur d'autres tragédies, vous commenterez et discuterez ces jugements.

DIRE

14. « Seul le silence est grand ; tout le reste est faiblesse [...]
Gémir, prier, pleurer, est également lâche », écrit le poète romantique
Alfred de Vigny.
Dans un débat argumenté, vous direz si les héros de Racine vous
paraissent « grands » ou « lâches ».

L'UNIVERS
DE L'ŒUVRE

Dossier documentaire
et pédagogique

LE TEXTE
ET SES IMAGES

PUISSANCES ET PRESSIONS POLITIQUES (P. 2-3)

1. Quelles formes revêt l'influence politique sur chacune des images 1, 2, 3 ?

2. En vous fondant sur une étude précise de l'image, dites quelles significations vous donnez à la statue sur la photo 1.

3. Dans quels vers de *Bérénice* le sénat est-il mentionné ? La photo 2 correspond-elle à l'image que Racine nous donne de cette assemblée ? Pourquoi ?

FACE-À-FACE ET DÉROBADES (P. 4-5)

4. Quels sentiments expriment l'attitude et la physionomie de chaque personnage sur les photos 4, 5 et 6 ? Quels types d'affrontement suggèrent-elles ?

5. Pour chaque photo, sur quel aspect le cadrage et l'angle de prise de vue mettent-ils l'accent ?

LE HÉROS ET SON DOUBLE (P. 6-7)

6. Identifiez sur chacune des photos 7, 8 et 9 le maître et le confident : sur quels éléments vous fondez-vous pour le faire ?

7. Quel choix les metteurs en scène ont-ils fait pour les costumes ? Dans quel but, à votre avis ? Où vont vos préférences ? Pourquoi ?

8. Observez la position, les attitudes et les gestes des personnages : comment expriment-ils les rapports de domination ?

9. Quelle signification donnez-vous au miroir dans la mise en scène d'Anne Delbée (photos 7 et 9) ?

« ET QUE DIT CE SILENCE ? » (P. 8)

10. Quels sentiments le visage et l'attitude de Bérénice expriment-ils sur cette photo ?

11. À quel(s) épisode(s) de la tragédie cette image pourrait-elle correspondre ? Justifiez vos réponses.

12. Cette photo appartient à la même mise en scène que celle de la page 118. Faut-il attribuer la même signification à la porte et au rideau ? Pourquoi ? Faites, en un paragraphe, le commentaire comparé de ces deux costumes et de leur signification respective.

13. Comparez les interprétations du personnage de Bérénice sur les illustrations des pages 4, 8, 88 et 114 : laquelle vous paraît le mieux rendre compte du personnage de Racine ? Pourquoi ?

L'unité d'action dans la tragédie

La notion classique d'« unité » est pour nous indissociable du célèbre précepte de Boileau dans son *Art poétique* (III, v. 45-46) :

« Qu'en un lieu, qu'en un jour, un seul fait accompli
Tienne jusqu'à la fin le théâtre rempli. »

Ces mêmes vers ont étroitement lié dans notre esprit l'unité d'action avec les unités de lieu et de temps. Cependant, si ces dernières furent déterminées avec précision par les doctes, la définition de **l'unité d'action est restée confuse et controversée** : l'action d'une pièce doit-elle se centrer sur une intrigue principale excluant toute intrigue secondaire pour ne pas disperser l'attention des spectateurs ? En créant *Bérénice*, Racine répond-il aux impératifs doctrinaux ou s'expose-t-il à une critique justifiée ?

LA DOCTRINE DES DOCTES

En imposant aux dramaturges classiques une « unité d'action », les doctes exigent-ils une action « une » ou « unifiée » ? L'unanimité se faisant sur la nécessité d'une intrigue principale, il s'agit de savoir si l'on peut concevoir des intrigues secondaires gravitant autour d'elle. Ces « **épisodes** », comme on les nomme, rencontrent la méfiance des critiques qui y voient des actions étrangères à la principale, sans doute agréables mais inutiles. Ils ne sont donc acceptés que s'ils remplissent des conditions rigoureuses : celles d'**inamovibilité**, de **continuité** et de **nécessité**. Si un épisode ne peut être supprimé sans rendre le reste de la pièce incompréhensible, il est dit « inamovible ». De plus, si cette action secondaire est présente depuis l'exposition jusqu'au dénouement, elle répond au critère de continuité. De même, un épisode ne doit jamais être le fruit d'un hasard, mais découler de l'exposition. Enfin, pour prouver qu'il n'est pas un pur ornement, il doit **influencer nettement l'intrigue principale**.

Ainsi, plusieurs intrigues peuvent être nouées ensemble sans porter atteinte à l'unité d'action ; il suffit que les « fils secondaires » soient savamment liés au « fil principal ». C'est pourquoi on a pu proposer la distinction suivante : « Il vaudrait mieux parler d'"unification de l'action" plutôt que d'"unité d'action" » (Jacques Schérer, *La Dramaturgie classique en France*, p. 93-94.)

BÉRÉNICE : THÉORIE ET PRATIQUE

Comment *Bérénice* répond-elle à ces critères ? Remarquons d'abord que dans sa préface Racine ne mentionne pas une seule fois le terme d'unité, alors que les mots « simple » et « simplicité » y reviennent fréquemment. Racine ne semble pas faire de distinction radicale (il cite le précepte d'Horace, « *simplex et unum* » sans souligner la différence entre les deux adjectifs). En revanche, il est évident pour lui qu'une action simple est « chargée de peu de matière » comme il l'écrivait déjà dans la préface de *Britannicus*. Il condamne en effet le « grand nombre d'incidents [...] refuge des poètes [médiocres] », et refuse au nom de la vraisemblance de montrer sur scène « une multitude de choses qui pourraient à peine arriver en plusieurs semaines » (dans la préface de *Britannicus* « quantité d'incidents qui ne se pourraient passer qu'en un mois »). Racine prétend donc avec *Bérénice* parvenir à l'**idéal de la création** : « faire quelque chose de rien ».

L'action de *Bérénice* est-elle simple, une ou unifiée ? Certes, la simplicité si souvent invoquée par Racine dans sa préface commande l'intrigue ; le résumé en serait bref : après de longs et douloureux débats, Titus se résout à renvoyer Bérénice de Rome, et la reine accepte ce sacrifice. Ce « fil principal », l'amour de Titus et Bérénice, est néanmoins doublé par le « fil secondaire » de la passion d'Antiochus pour Bérénice ; or cet épisode ne nous paraît nullement « parasite ». En effet, l'amour d'Antiochus est présent depuis l'exposition (v. 13 : « son amant autrefois », v. 20 : « Pourrai-je, sans trembler, lui dire : "Je vous aime" ? ») jusqu'au dénouement (v. 1444 : « j'ai toujours adoré Bérénice »). Par ailleurs, son influence sur l'action principale est indéniable, car « c'est [la] générosité [d'Antiochus], à la dernière scène, qui provoque la décision de Bérénice[1] ». Le fil secondaire est donc à la fois subordonné à l'intrigue principale et déterminant pour elle.

CONTROVERSE SUR LA LIAISON DES SCÈNES

Dans sa *Critique* de Bérénice (1671), l'abbé de Villars a voulu attaquer l'unité d'action de la tragédie en affirmant que « la plupart des scènes sont peu nécessaires », tout d'abord parce qu'elles seraient mal enchaînées : Racine « ne s'est pas mis en peine de la liaison des scènes » et « il a laissé plusieurs fois le théâtre vide, ce qui est absolument contraire aux règles classiques ». Dans sa préface, Racine se défend contre la mauvaise foi de son détracteur ; de fait, la scène ne reste vide qu'une fois dans *Bérénice* (acte V, sc. 4 à 5), et on verra que cela se justifie.

Sinon, le dramaturge utilise tous les types de liaison recommandés par les critiques. La **liaison de présence** est la plus fréquente : un personnage reste sur le plateau d'une scène à la suivante pour assurer la continuité (acte I, sc. 1 à 2, 2 à 3 ; acte IV, sc. 3 à 4, 4 à 5...). On relève aussi des exemples de **liaison à vue** découlant directement des contraintes matérielles de la représentation. La scène est souvent très profonde et l'acteur entre par le fond en avançant lentement jusque sur le devant du plateau. Il y a donc des temps morts à occuper avant que ne commence une nouvelle scène, d'où les phrases qui annoncent l'arrivée d'un personnage, comme : « La Reine vient » (I, 3), « Ah ! la voici » (III, 2), ou « Mais que vois-je ? Titus porte vers nous ses pas » (V, 2). *Bérénice* offre encore des exemples de **liaison de recherche**, lorsqu'un personnage est en quête d'un autre, comme Arsace pour Antiochus (V, 1 : « Où pourrai-je trouver ce prince trop fidèle ? » ; et V, 2 : « Ah ! quel heureux

---

1. Jacques Schérer, *La Dramaturgie classique en France*, Nizet.

destin en ces lieux vous renvoie » ; voir aussi IV, 5). La **liaison de fuite** – un personnage sort pour ne pas être vu – est aussi représentée à la scène 2 de l'acte IV (v. 981 : « Venez, fuyez la foule, et rentrons promptement »). Cette même scène est d'ailleurs un exemple de **liaison de bruit**, car Phénice entend l'arrivée de Titus et de sa suite (v. 980 : « J'entends du bruit, Madame, et l'Empereur s'approche »).

Il est enfin question, dans la *Pratique du théâtre* de l'abbé d'Aubignac (1657), d'une **liaison de temps** commode pour expliquer le vide du théâtre entre les scènes 4 et 5 de l'acte V ; il y a liaison de temps « quand un acteur [un personnage] qui n'a rien à démêler avec ceux qui sortent du théâtre y vient aussitôt après, mais dans un moment si juste qu'il n'y pouvait raisonnablement venir plus tôt ni plus tard ». Titus a demandé à Antiochus de le suivre chez la reine (V, 3). Le monologue où Antiochus exprime ensuite son désespoir et son intention de se suicider (sc. 4) était inconcevable en présence de Titus, et la sortie d'Antiochus avant le retour des amants produit un effet de suspense tout en renforçant le pathétique de la situation.

Grâce aux procédés de la dramaturgie classique, *Bérénice* se soustrait donc aux accusations de l'abbé de Villars. Il ne faut d'ailleurs pas s'exagérer le poids de ces règles strictes sur les dramaturges : la doctrine accuse en fait un retard notable sur la pratique, et les discussions des doctes se poursuivront sur la question de l'unité d'action, alors que les écrivains la mettent en œuvre depuis longtemps.

UNE ŒUVRE
DE SON TEMPS ?

Amour, politique et tragédie

« *Invitus invitam* » : du célèbre « malgré lui, malgré elle » de Suétone[1], faut-il conclure que *Bérénice* est uniquement l'histoire d'un amour malheureux ? La pièce prend aussi appui sur des faits et des personnages historiques, habilement remaniés par le dramaturge. De plus, l'anecdote d'une passion sacrifiée à la raison d'État rappelle au public de 1670 une autre histoire d'amours royales contrariées, où Louis XIV en personne joua le premier rôle… Tragédie politique et tragédie amoureuse s'avèrent ici indissociables.

TITUS ET BÉRÉNICE DANS L'HISTOIRE

La loi de la Rome antique

C'est bien une loi qui est au cœur de la tragédie, une **loi impérieuse** encore jamais transgressée, même par les empereurs sacrilèges, comme Paulin le rappelle à Titus (v. 397-402). Malgré les « mille vertus » de Bérénice, un obstacle rédhibitoire lui interdit l'accès au trône impérial : « … en bannissant ses rois, / Rome à ce nom si noble et si saint autrefois / Attacha pour jamais une haine puissante » (v. 381-383). En effet, jusqu'au VIᵉ siècle avant J.-C., **la royauté a prévalu à Rome**, et les rois ont fait la grandeur de la cité. Mais aux rois succède le tyran : Tarquin le Superbe, monté sur le trône en 534 avant J.-C. Un épisode infamant, symbolique du **pouvoir tyrannique**, met le comble à ces abus : un fils du roi ayant fait violence à la vertueuse Lucrèce, celle-ci se suicide pour ne pas survivre à son déshonneur ; le peuple appelé à la vengeance par Junius Brutus

---

1. Voir *Préface*, p. 22.

se soulève et renverse le tyran. Le sénat proclame la déchéance de Tarquin ainsi que son exil et celui de tous les siens.

À la suite de cette grave crise (509 av. J.-C.), une **Constitution républicaine** se met progressivement en place, caractérisée par le **pouvoir consulaire** : les consuls ont à peu près les mêmes pouvoirs que les anciens rois, mais pour éviter le risque de tyrannie, on institue deux principes restrictifs à leur autorité : la **collégialité** (ils seront toujours deux) et l'**annalité** (ce pouvoir est limité à une durée d'un an). Les Romains rejettent définitivement le principe de la monarchie, au point de décréter la peine de mort contre quiconque aspirerait à la royauté. D'où la réprobation rencontrée par Titus dans son projet d'épouser une reine, étrangère de surcroît. Car au Ier siècle après J.-C., quoique Rome ait une nouvelle fois changé de régime politique (c'est l'Empire), elle n'a pas renoncé à sa haine des rois (v. 385-386).

Titus et la Judée

Sous le règne de son père Vespasien, Titus conquiert le titre de « **vainqueur de Jérusalem** ». Le peuple juif s'étant révolté contre la domination romaine (65-70 apr. J.-C.), une guerre s'engage, qui s'achève par le **siège de Jérusalem**, la défaite de la ville et la dispersion des Juifs exilés (la Diaspora).

C'est en Judée que Titus rencontre Bérénice. La Bérénice historique a onze ans de plus que lui, et a déjà été mariée trois fois. Comme son frère Agrippa, elle est du parti des Romains et réside à Césarée, ville du procurateur[1] romain. Elle séduit Vespasien par ses richesses, et Titus par ses charmes. Elle le suit d'ailleurs à Rome, mais Vespasien la renvoie en Orient. À la mort de celui-ci, Bérénice revient à Rome, espérant sans doute le titre d'impératrice ; mais Titus, métamorphosé par sa nouvelle charge et décidé à faire à l'État le sacrifice de sa passion, la renvoie alors définitivement en Judée.

---

1. **Procurateur :** gouverneur.

Le véritable Antiochus

Le personnage d'Antiochus est lui aussi historique. Allié des Romains sous le règne de Vespasien (comme son père avant lui), il combat à leurs côtés au siège de Jérusalem où il se distingue par sa force et son courage – pas au point cependant d'en déterminer l'issue glorieuse comme le dit Arsace (I, 3). De plus, en 73, Vespasien réduit la Comagène au statut de province romaine. Sous le règne de Titus, Antiochus n'est donc plus qu'un ancien roi, qui finit sa vie à Rome… L'histoire ne dit pas qu'Antiochus fut l'ami de Titus ni l'amant malheureux de Bérénice : ici commence le royaume de la fable…

Le règne de Titus

Titus règne 27 mois, de 79 à 81, et ne laisse apparemment aux Romains que des souvenirs de douceur et de générosité, d'où son surnom de « délices du genre humain » (voir v. 1488). Suétone rapporte aussi que Titus estimait avoir perdu sa journée s'il n'avait pas fait quelque bien (voir v. 1038). De fait, lors des grandes catastrophes survenues pendant son règne (incendie, peste, éruption du Vésuve), il essaie de soulager par sa prodigalité la misère de son peuple.

LA RAISON D'ÉTAT : UNE FATALITÉ CONTEMPORAINE

S'il s'inspire de l'histoire antique, Racine écrit avant tout pour ses contemporains. *Bérénice* lui fournit l'occasion de développer « un des thèmes clefs de la sensibilité au XVIIᵉ siècle, l'amour se renonçant sous le poids des contraintes sociales[1] ».

Un thème de tragédie

Plus que le respect de la loi romaine, c'est la « gloire » (v. 1096) qui anime Titus ; son « devoir » (v. 551, 1053), son « honneur » (v. 1030, 1039) et l'image qu'il laissera à la postérité rivalisent avec son amour pour Bérénice. Ce **dilemme** (voir

---

1. Anne Ubersfeld, « Racine auteur tragique », revue *Europe*, n° 453.

p. 154) entre l'amour et le devoir est un thème de tragédie au XVIIᵉ siècle ; dans *Le Cid* de Corneille (1637), les amours de Rodrigue et Chimène sont mises en péril par le respect de l'honneur. Rodrigue se voit obligé de venger son père, et pour cela doit tuer le père de sa bien-aimée. En obéissant à son devoir, il encourt la colère de Chimène ; en refusant de punir le coupable, il s'attire son mépris et passe pour un lâche... Cette contradiction insoluble s'exprime de la façon la plus poétique dans le célèbre monologue de Rodrigue, où le héros, comme Titus, invoque sa « gloire » (I, 6).

Ce dilemme n'appartient pourtant pas seulement à la fiction...

Louis XIV ou le Titus du Grand Siècle

Les amours de Louis XIV et de **Marie Mancini** (1640-1715), nièce du cardinal Mazarin, ont en effet marqué les esprits. Marie paraît à la Cour en 1658, elle a 18 ans et le jeune roi s'éprend d'elle. Elle participe à toutes les fêtes, et le roi n'hésite pas à l'appeler « ma reine » en public. Mais simultanément, Mazarin, qui exerce par l'intermédiaire de la régente Anne d'Autriche la réalité du pouvoir, travaille à conclure la paix avec l'Espagne, et espère la sceller grâce au mariage de Louis XIV avec l'infante Marie-Thérèse d'Espagne. Anne d'Autriche, sœur du roi d'Espagne, et mère du jeune roi de France, partage ces espérances. Louis XIV se révolte contre ce projet et va jusqu'à demander la main de Marie à Mazarin. Celui-ci reste indifférent à cette idylle, poursuit ses tractations avec les Espagnols, puis relègue Marie en Charente, où il la fait étroitement surveiller. C'est au moment de la séparation, lorsque le roi conduit Marie à son carrosse (22 juin 1659), qu'elle lui dit à travers ses larmes : « Sire, vous êtes roi, vous pleurez, et je pars » (voir v. 1154 et 1345-1346). Le roi s'obstine, écrit tous les jours à sa bien-aimée, perd l'appétit et le sommeil, reste sourd aux objurgations de Mazarin. C'est finalement Marie qui fait preuve de lucidité : comprenant l'importance du traité de paix en cours, elle prend l'initiative de la rupture avec le roi. D'abord incrédule,

Louis XIV se soumet bientôt à la nécessité politique. Le 7 novembre 1659, le traité des Pyrénées, qui conclut la paix avec l'Espagne, est signé, et, le 9 juin 1660, les noces de Louis XIV avec Marie-Thérèse sont célébrées à Saint-Jean-de-Luz. La raison d'État l'a définitivement emporté sur l'idylle.

On a aussi cru que *Bérénice* retraçait l'inclination mutuelle de Louis XIV et **Henriette d'Angleterre**, épouse de Philippe d'Orléans, frère du roi. Voltaire, dans ses *Remarques sur Bérénice* (1764), accrédite cette thèse, affirmant que la jeune femme aurait imposé le sujet de cette tragédie à Racine (et à Corneille) parce qu'elle « se ressouvenait des sentiments qu'elle avait eus longtemps pour Louis XIV et du goût vif de ce prince pour elle. Le danger de cette passion, la crainte de mettre le trouble dans la famille royale, les noms de beau-frère et de belle-sœur, mirent un frein à leurs désirs ; mais il resta toujours dans leurs cœurs une inclination secrète, toujours chère l'un à l'autre. »

Réels ou imaginaires, les modèles ne manquaient donc pas pour *Bérénice* : et tous opposaient la nécessité politique à l'amour.

L'IRRÉDUCTIBLE OPPOSITION DE L'AMOUR ET DE LA POLITIQUE

« L'Empire incompatible avec votre hyménée » (v. 1396) : c'est ainsi que Titus résume son dilemme. Mais cette incompatibilité n'émane pas seulement de contraintes extérieures : dans le cœur de Titus, il n'y a pas assez de place pour l'amour et pour la gloire.

Les contraintes extérieures

Dans *Bérénice*, ce ne sont pas les dieux qui gouvernent le destin de Titus : le *fatum* est ici incarné par une force polymorphe plus mouvante et plus menaçante que le plus retors des dieux : l'**opinion publique**. L'avis du sénat (v. 415, 1328), du peuple (v. 732-733, 1223...), de Rome et des Romains (v. 293, 339,

1138…), de l'Empire (v. 1096), de « tout l'univers » enfin (v. 342) fait peser une pression irrésistible sur le héros ; impossible d'échapper à la renommée (v. 1019), à la voix publique (v. 344) qui rappelle « l'exigence politique de la cité, et notamment l'impérieux respect de l'image publique du prince[1] ». Lorsque Rome a parlé, nul homme, fût-il empereur, ne saurait la contrarier impunément.

Cette rumeur impérieuse parvient à Titus par l'intermédiaire de son confident : Paulin est comme la conscience de Titus, qui le félicite de sa résolution (v. 491), l'exhorte à persévérer (v. 555, 1206), le sermonne (v. 1249-1250). À l'opposé des flatteurs (v. 351-366), Paulin est sincère et sans complaisance (v. 364-366). Loin d'atténuer la rigueur des arrêts de Rome, il s'en fait le porte-parole le plus fidèle. Son rôle est donc essentiel dans la capitulation de Titus.

La contrainte intérieure

Mais la voix publique dont Paulin se fait le héraut trouve un allié au plus profond de Titus lui-même.

Dans les autres tragédies de Racine, c'est généralement un « tyran » qui exerce son pouvoir sur une victime : pouvoir de Pyrrhus sur Andromaque, de Néron sur Junie, de Roxane sur Bajazet. Dans *Bérénice* au contraire, Titus détient le pouvoir dont il est la victime. **La contrainte vient de lui-même**, comme il l'admet (v. 1000). Ce n'est donc pas la rumeur publique qui lui dicte son devoir, puisque sa décision était prise avant le lever du rideau (v. 447) : lors de son accession au trône, une inspiration mystérieuse (v. 461-464, 1096-1098) lui a révélé la voie de la « gloire » (voir p. 193) ; cette exigence morale passe par le sacrifice de son bonheur personnel et l'oblige à renoncer à Bérénice. C'est en tout cas la gloire que Titus invoque sans cesse pour justifier sa décision auprès de Bérénice (v. 1052, 1096,

---

1. Gilles Declercq, « Une voix *doxale*… », revue XVIIe siècle, janv.-mars 1994.

1394...) : s'il manquait à cette exigence, il encourrait le mépris de Rome, de Bérénice et de soi-même (v. 1403-1406).

Qu'elle renvoie à l'histoire antique ou à l'histoire moderne, la dimension historique et politique de *Bérénice* constitue un facteur de vraisemblance et un ressort majeur de l'action – donc un élément essentiel de la tragédie.

FORMES ET LANGAGES

« Cette tristesse majestueuse... »

Racine justifie dans sa préface l'absence de violence et de meurtres dans *Bérénice* en affirmant que ni le sang ni la mort ne constituent l'intérêt d'une tragédie. Les ressorts dramatiques du genre, la crainte et la pitié, sont cependant déterminants dans *Bérénice*. À quoi tient alors « cette tristesse majestueuse qui fait tout le plaisir de la tragédie » ?

LA MAJESTÉ : NOBLESSE, HÉROÏSME, SUBLIME...

Les protagonistes de *Bérénice*, par leur rang, leur élévation morale, leur manière de s'exprimer, sont placés sous le signe de la grandeur.

Les titres et les apostrophes

La tragédie met traditionnellement en scène des personnages nobles ayant un rôle politique : dans *Bérénice*, un empereur, une reine, un roi (Racine a d'ailleurs pour ce faire déformé la vérité historique ; Antiochus n'est plus roi depuis 73 – voir p. 140). Les discours rappellent abondamment le rang élevé des protagonistes par la multiplicité des apostrophes ou des périphrases qui les désignent : Titus est appelé « Seigneur » par tous les personnages et désigné par les termes d'« empereur » ou de « César », titres qui évoquent constamment sa dignité. Bérénice est appelée « Madame » et désignée par les termes de « reine » ou de « princesse ». Quant à Antiochus, il est « Prince » pour Titus et Bérénice, et « Seigneur » pour son confident. La hiérarchie se fait donc sentir à travers le jeu des appellatifs. Voltaire critique ces apostrophes sous prétexte qu'elles trahissent la vérité du style antique : « Ces mots de *Madame* et de *Seigneur* ne sont que des compliments français ». Mais ces titres contribuent à l'auréole de majesté des princes.

L'héroïsme et la grandeur

Les personnages tragiques sont avant tout des héros dont la destinée, écrasante mais exaltante, suscite notre admiration. Dans *Bérénice*, l'héroïsme revêt plusieurs aspects. Outre la « gloire inexorable » de Titus (v. 1394), la **grandeur d'âme** d'Antiochus se manifeste depuis l'exposition jusqu'au dénouement, dans son long silence sur sa passion (v. 25-26), sa bravoure au combat (v. 110-113), sa dignité et la générosité de son sacrifice final (v. 1455-1460). Il y a aussi la grandeur tragique de Bérénice que Racine souligne dans sa préface, jugeant héroïque son acceptation de la séparation. Ainsi il nous apparaît clairement que le sang et les morts ne sont pas nécessaires dans *Bérénice* : il suffit que les personnages « en soient héroïques ».

La majesté du style

Dans « un genre littéraire traditionnellement nourri de sublime[1] », l'élévation morale est inscrite dans le langage.

Lorsque le style des personnages atteint un degré très élevé de noblesse et de poésie, il privilégie les formules ramassées et frappantes qui soulignent le déchirement du héros : **antithèses*** (« Ces jours si longs pour moi lui sembleront trop courts », v. 1121 ; voir aussi v. 1030, 1226…), qui peuvent confiner au **paradoxe** (« Heureux dans mes malheurs… », v. 256) ; formulations **concises**, comme dans le récit du coup de foudre des héros : « Titus […] vint, vous vit, et vous plut » (v. 194 ; voir aussi v. 46, 531…). Les **maximes*** enfin, très prisées au XVIIᵉ siècle par les moralistes, émaillent les discours des personnages tragiques, leur conférant une portée et une autorité générales : « L'inimitié succède à l'amitié trahie » (v. 91). Et comme l'écrit Boileau dans *L'Art poétique* (préface de 1701), « l'effet infaillible du vrai, quand il est bien énoncé, c'est de frapper les hommes ».

---

1. Paul Bénichou, *Morales du Grand Siècle*, Gallimard, 1948.

UNE TRISTESSE DIFFUSE

Le chant mélancolique de *Bérénice* a, lui, suscité de vives critiques depuis l'abbé de Villars qui ne voit dans cette tragédie qu'un « tissu galant de madrigaux et d'élégies » et qui reproche à Antiochus ses « hélas de poche ».

Une tragédie élégiaque

L'élégie*, qui exprime à la fois la tendresse, la plainte et la tristesse, nous emmène avec *Bérénice* bien loin des fureurs d'Hermione, de Roxane et de Phèdre. Le chant mélancolique des héros, le *lamento* incessant donne à *Bérénice* une tonalité particulière.

Ce sont les résonances douces-amères des vers nostalgiques prononcés par Antiochus : « Je demeurai longtemps errant dans Césarée, / Lieux charmants où mon cœur vous avait adorée » (v. 235-236). C'est aussi le **leitmotiv*** poignant et mélodieux des adieux de Titus et Bérénice : « … pour jamais : adieu… / Pour jamais !… » (v. 1110-1111 ; voir aussi v. 1197, 1494, 1506…). La désolation d'Antiochus a parfois paru outrée aux critiques, et les larmes de Titus indignes d'un empereur. C'est pourtant cette faiblesse même qui magnifie la noblesse des sacrifices accomplis à la fin…

Le poétique Antiochus

Parce qu'il paraît longtemps subir l'action, on a vu dans Antiochus un fade soupirant de Bérénice et une pâle doublure de Titus. Peut-être faut-il le considérer comme un « **personnage verbal** », sorte de résidu personnalisé du chœur antique présent sur scène pour commenter l'action sur le mode lyrique* et pour plaindre la destinée malheureuse des héros. Il aurait donc un rôle **plus poétique que dramatique**. D'après Jacques Schérer, « Antiochus proclame un amour sans espoir pour la même raison que Phèdre dans la tragédie qui porte son nom : pour parler. La situation ne permettant à la passion aucune satisfaction réelle, seule demeure possible l'expression illusoire du discours[1] », d'où les tirades poétiques d'Antiochus (I, 4 ; V, 7), comme si le désespoir inspirait les chants les plus beaux.

Quant aux nombreux « hélas ! » de son discours, ils sont comme le condensé de sa tristesse et de toutes les souffrances des héros. Voltaire écrit : « On est un peu choqué qu'une pièce finisse par un *hélas* ! Il fallait être sûr de s'être rendu maître du cœur des spectateurs pour oser finir ainsi[2]. » La tragédie s'achève sur cette pure lamentation.

Voyons donc dans *Bérénice* un superbe poème de passion et de souffrance où « Racine fait chanter le contrepoint de l'amour, du regret, de l'abandon, du désespoir » et où « le pathétique de la pitié se déploie sans contrainte »[3] pour le plus grand plaisir du spectateur.

LE PLAISIR DE *BÉRÉNICE*

Ce plaisir tient à la simplicité et à la musicalité de l'expression.

La simplicité du style ou « le triomphe du dénuement[4] »

Racine fait le vœu d'une « action simple » ; cette même simplicité se fait sentir dans l'écriture, en contrepoint à l'élévation du style de la tragédie.

Le **vocabulaire** employé, quoique soutenu comme il convient au genre, n'est jamais spécialisé ni technique – ainsi pour le récit du siège de Jérusalem (v. 105-114). De même, la **tournure des phrases**, malgré les contraintes de l'alexandrin, reste naturelle, presque prosaïque (très proche de la conversation réelle : v. 1303-1304, 1310-1312, 1494). Les **images**, enfin, semblent gagner en force et en densité du fait même de leur simplicité, pour dire le désespoir (v. 36, 238) et le sacrifice (v. 212). Comme l'écrit Thierry Maulnier : « Jamais l'expression humaine, à ce

---

1. Jacques Schérer, « Les Personnages de *Bérénice* », *Mélanges Lebègue*, Nizet, 1969.
2. Voltaire, *Remarques sur* Bérénice, 1764.
3. Anne Ubersfeld, « Racine auteur tragique », revue *Europe*, n° 453.
4. Thierry Maulnier, *Racine*, Gallimard, 1947.

point dénuée d'emphase et de bavardage, de banalité et de bour-
souflure, n'a cerné aussi étroitement la pensée[1]. »

La musicalité des vers

Le charme de *Bérénice* tient enfin à ses qualités musicales. Les
harmonies suggestives* nous font entendre la violence des
combats (v. 231, allitération* en f) ou du désespoir (v. 1116),
l'ennui d'Antiochus dans l'enchaînement sourd des voyelles
nasales (v. 235) ou l'admiration de Bérénice dans le son éclatant
de rimes aux voyelles claires (v. 299-316).

Les **noms propres** participent aussi à cette musique du texte,
par leur puissance de suggestion exotique (« Euphrate »,
« Césarée ») ou par la place qu'ils occupent dans le vers : la dié-
rèse* du v. 234 (« O-ri-ent »), qui semble écarteler le mot, évoque
aussi le déchirement d'Antiochus. G. Antoine parle, à propos de ce
vers, de « moment aérien créé par la rencontre, de part et d'autre
de la pause médiane, des deux " e ouverts " : *désert-quel*, avec les
effets de symétrie qui l'entourent : jeu de dentales (*désert, devint*)
et des timbres nasalisés (*Dans l'Orient-mon ennui*)[2]. »

Enfin, le **rythme** de l'alexandrin participe à l'expression musicale
des sentiments : souvent binaire* il exprime le dilemme (v. 1030 :
la césure* à l'hémistiche*, doublée de l'opposition lexicale « honneur »/« amour », souligne le désarroi de Titus), le déchirement
amoureux (v. 1500 : tétramètre* et antithèses*) ; il martèle encore
l'incrédulité et le désespoir de Bérénice (v. 1113-1117).

Grandeur et simplicité, élégie et musicalité, tel est le mélange sub-
til qui fait l'originalité de *Bérénice*. Jean Rohou voit dans *Bérénice* la
conjonction de la « tragédie intime » et de la poésie élégiaque et,
renvoyant au critique moderne Christian Delmas, « un rituel de
deuil, de sacrifice, d'initiation, d'investiture impériale et finalement
d'exaltation d'un amour tellement désintéressé qu'il transcende l'es-
pace, le temps et le réel, toutes les catégories de l'humaine misère[3]. »

---

1. Thierry Maulnier, *Racine*, Gallimard, 1947.
2. G. Antoine, *Puissance des mots*, P.U.F., coll. « Écriture », 1982.
3. Jean Rohou, *Jean Racine. Bilan critique*, Nathan Université, 1994.

LA STRUCTURE
DE *BÉRÉNICE*

12 — Personnage présent (le chiffre indique le nombre de vers prononcés).

2 — Personnage absent (le chiffre indique le nombre de fois où il est mentionné).

	SCÈNES	Titus	Bérénice	Antiochus	Paulin	Arsace	Phénice	Rutile	DIDASCALIES	SUJET DE LA SCÈNE
ACTE I	1	2	2	12		6			0	Antiochus sollicite un entretien secret avec Bérénice.
	2	2	2	32					1	Antiochus veut déclarer son amour à Bérénice, puis quitter Rome.
	3	10	10	19		65			0	Il révèle sa passion et sa décision à son confident Arsace.
	4	13	59	91			0		0	Antiochus se déclare à Bérénice, mais la reine, toute à son bonheur d'épouser Titus, méprise cet aveu.
	5	3	34				8		0	Phénice plaint Antiochus et rappelle à Bérénice que son mariage n'est pas encore célébré ; celle-ci, confiante dans Titus, refuse de s'inquiéter.
ACTE II	1	4	4	2	8				0	Titus convoque Antiochus et plaint Bérénice.
	2	147	14	1	67				0	L'empereur révèle à son confident qu'il va se séparer de Bérénice à tout jamais. Il appréhende d'annoncer cette décision à la reine.
	3	1	1		2			1	0	On annonce l'arrivée de Bérénice. Effroi de Titus.
	4	12	56	0		0			0	Bérénice, anxieuse, vient demander des marques d'amour à Titus. L'empereur, réticent puis muet, reste incapable d'avouer sa résolution.
	5	4	38	2			4		0	D'abord douloureusement surprise, Bérénice se rassure en imaginant que Titus est jaloux d'Antiochus.
ACTE III	1	93	6	11	0				0	Titus révèle sa décision à Antiochus et lui demande de parler en son nom à Bérénice, puis de la reconduire dans son pays.
	2	8	10	47		32			0	Antiochus laisse éclater sa joie ; il se reprend ensuite, redoutant la douleur et la haine de Bérénice renvoyée.
	3	8	31	36		0	2		1	Antiochus veut se dérober à l'aveu ; Bérénice l'oblige à parler. Mais elle refuse de croire le message qu'il lui transmet.
	4	4	1	29		5			0	Indigné et désespéré par l'injustice de Bérénice, Antiochus veut quitter Rome immédiatement.

	SCÈNES	Titus	Bérénice	Antiochus	Paulin	Arsace	Phénice	Rutile	DIDASCALIES	SUJET DE LA SCÈNE
ACTE IV	1	2	9				2		1	Bérénice a sollicité une entrevue avec l'empereur ; elle attend impatiemment la réponse.
	2	2	9				12		0	Phénice annonce l'arrivée de Titus et essaie d'apaiser Bérénice.
	3	2	2		2				0	Titus demande à rester seul un instant.
	4	54	4						1	Toujours indécis, Titus énumère les arguments pour et contre son mariage avec Bérénice. Il se décide finalement pour la rupture.
	5	74	82						1	Titus explique à Bérénice la nécessité de leur séparation. La reine désespérée menace de se tuer.
	6	11	3		19				0	Paulin encourage Titus à persévérer dans la fermeté.
	7	2	1	12	0	0	1		0	Antiochus supplie l'empereur d'empêcher le suicide de Bérénice.
	8	6	2	1	3	0		4	0	Les représentants du peuple romain veulent venir féliciter Titus.
ACTE V	1			1		4			1	Arsace cherche Antiochus pour lui annoncer une bonne nouvelle.
	2	7	3	10		17			0	Il explique au roi que Bérénice dépitée veut quitter Rome sur-le-champ ; le roi n'ose pas se réjouir.
	3	7	1	0		0			1	Titus déclare à Antiochus qu'il vient tenir sa promesse.
	4	2	2	10		0			0	Persuadé que Titus s'est ravisé et a choisi Bérénice, Antiochus se lamente.
	5	20	40	1			0		2	Titus veut s'expliquer à Bérénice ; celle-ci refuse de l'écouter et le repousse violemment.
	6	62	1						0	Titus expose les raisons de sa décision et assure à Bérénice qu'il se tuera si elle n'accepte pas avec courage leur séparation.
	7	3	38	40					4	Antiochus révèle à Titus son amour pour Bérénice. Il explique qu'il offre sa vie pour le bonheur de leur union. Émue par la noblesse des deux hommes, Bérénice accepte elle aussi le sacrifice.
Total vers		498	397	350	101	129	26	5		
Total scènes		15	11	14	8	12	7	2		
Total évocations		67	68	7	0	0	3	0		
Total didascalies									13	

THÈMES

ADIEUX

Tragédie d'une séparation inconcevable et néanmoins nécessaire, *Bérénice* décline le thème du départ et des adieux dans des scènes où s'affrontent volonté, sentiments et émotions. Départ et adieu constituent donc la trame pathétique de la tragédie.

Dans la première partie de la pièce (actes I à III), il est surtout question du départ d'**Antiochus** : dès l'acte I, il annonce sa **résolution** (v. 32-34, 46, 76, 130, 178) et la justifie devant Bérénice (v. 185-258). Mais, peu sûr de lui, il cherche surtout à se convaincre lui-même de la nécessité de son départ, avec des répétitions à valeur d'exhortation personnelle (*Je fuis*, répété quatre fois dans les v. 273-277 ; *Adieu*, v. 178, 279, 285 ; leitmotiv *il faut partir*, v. 32, 76, 181, 923), des impératifs d'exhortation (*Allons*, v. 947 ; *partons*, v. 952). À l'acte III, scène 4, il décline tous les temps, modes et modalités du verbe : *ne partais-je pas ...* v. 921 ; *il faut partir*, v. 923 ; *je partais*, v. 926 ; *je partirai*, v. 927 ; *tout m'excite à partir*, v. 946 ; *partons*, v. 952.

La seconde partie de la pièce (actes IV et V) est centrée sur le départ de **Bérénice**, qui s'exprime en des termes semblables : même force dans la résolution (v. 1303-1304), même déclinaison du leitmotiv (*que je parte*, *résolu de partir*, *je pars*, v. 1310-1312), mêmes exhortations (*Allons*, v. 1227), et même faiblesse dans l'action, comme dans le faux départ de la scène 5 de l'acte V où *Je veux partir* (v. 1304) s'oppose à la didascalie de la fin de scène « Bérénice se laisse tomber sur un siège ».Toujours annoncé, mais toujours différé, le départ ressortit à l'expression d'une volonté défaillante, d'une résolution impossible à tenir.

Pourtant, le désir de partir ne revêt pas la même signification chez les deux personnages. Pour Antiochus, c'est une **fuite** motivée par la crainte de contrarier Bérénice (v. 847) et par le bonheur insoutenable des amants qu'il croit heureux (v. 273-277).

Pour Bérénice, c'est un **moyen de pression** sur Titus (chantage), ou l'expression de sa rage et de son dépit (v. 1196-1197).

Le thème du départ est **pathétique** parce qu'il est assorti d'émotions intenses : chagrin de la séparation, angoisse de l'avenir. Présent dès l'ouverture de la tragédie, et fréquemment employé par tous les protagonistes, le mot *adieu* participe à la coloration élégiaque de *Bérénice* ; l'ajout de l'adjectif *éternel* (v. 178) ou de locutions comme *pour jamais* (v. 1110) et *pour la dernière fois* (v. 1506) annonce le passage de l'impossible départ à la consommation de la séparation. C'est Bérénice qui prend finalement en charge le destin tragique des trois personnages en assumant, dans les derniers vers, une décision qui n'était pas la sienne : elle accède ainsi à la générosité héroïque.

DÉNOUEMENT TRAGIQUE

Le dernier acte d'une œuvre tragique nous mène logiquement à un dénouement malheureux. Mais on a vu dans la préface que « ce n'est point une nécessité qu'il y ait du sang et des morts dans une tragédie » (voir p. 22). On peut donc concevoir deux types de dénouements tragiques : sanglant et non sanglant.

Traditionnellement, le dernier acte d'une tragédie comporte une ou plusieurs morts violentes, destinées à susciter chez les spectateurs **l'horreur et la pitié**. Dans *Bérénice*, Racine frôle ce dénouement à plusieurs reprises, lorsque les trois héros menacent successivement de se suicider (v. 1193, 1302, 1421-1422).

Cependant, le dénouement n'implique pas inéluctablement le suicide ou le meurtre. La catastrophe* peut être n'importe quel événement funeste qui survient à la fin de l'action et qui fixe le sort des personnages principaux. C'est ici la **séparation définitive** de Titus et Bérénice (v. 1494, 1506) et la fin des espoirs d'Antiochus (v. 1501-1502). Si l'horreur est épargnée au spectateur, la tristesse ineffable de ce dénouement suscite en lui autant de compassion qu'une série de morts violentes...

Les dénouements sanglants sont nombreux ; citons celui d'*Hamlet*, de Shakespeare. Racine lui-même a souvent eu recours à la « **grande tuerie** » (selon le mot de Mme de Sévigné) dans son dernier acte ; c'est le cas pour *Andromaque* et surtout *Bajazet*. La mort des amants peut, paradoxalement, être un dénouement heureux lorsqu'elle les réunit (voir *Tristan et Yseut*), tandis que la vie devient un long calvaire lorsqu'elle doit suivre leur séparation (comme dans *La Princesse de Clèves*, de Mme de La Fayette ou *On ne badine pas avec l'amour*, d'Alfred de Musset).

DILEMME

Nécessité de choisir entre deux partis aussi pénibles ou désastreux l'un que l'autre, le dilemme est une situation particulièrement déchirante pour un personnage, mais très fructueuse du point de vue dramatique puisque les tensions qu'il crée obligent le héros à exprimer des émotions devenues trop fortes. Le dilemme est donc toujours pathétique, et souvent tragique lorsqu'il reste sans issue.

On a associé la notion de dilemme aux pièces de Corneille qui mettent fréquemment en scène **le conflit de l'amour et de la gloire**. Chez lui pourtant, l'amour n'est pas écrasé par le devoir victorieux, il est plutôt purifié, et magnifié par le combat. Dans *Bérénice*, le personnage cornélien par excellence est Titus, partagé entre deux solutions également insupportables : renoncer à sa passion ou déshonorer l'image impériale. L'amour et l'honneur sont inconciliables (voir les antithèses v. 1030, 1226), et Titus doit choisir entre **une gloire douloureuse et un amour infamant**. Si chez Corneille le dilemme donne aux personnages l'occasion de se dépasser, chez Racine, en revanche, nulle exaltation, nulle espérance : le dénouement ne laisse entrevoir que l'éternité de la séparation et du renoncement…

Cornélien est le dilemme du *Cid*, d'*Horace* et de *Polyeucte*. Racine l'a rendu plus cruel encore en faisant du dilemme une question de vie ou de mort et en l'inscrivant au cœur de l'amour paternel ou maternel (*Iphigénie*, *Andromaque*).

MONOLOGUE

Rien de plus artificiel, au fond, qu'un monologue de théâtre, forme pourtant riche de fonctions psychologiques et poétiques.

Le monologue dramatique est une pure convention ; la parole y perd sa fonction de communication pour devenir l'expression d'une « **pensée verbalisée** »[1] : le public n'ayant pas accès aux pensées intimes, aux sentiments du personnage, celui-ci vient les formuler à haute voix. Le monologue permet ainsi une analyse approfondie des caractères (le personnage « se livre ») et une expression du conflit entre des sentiments contradictoires, surtout dans le **monologue délibératif***. Dans *Bérénice*, on en trouve deux exemples : I, 2 et IV, 4. Chaque fois, il est l'expression d'un conflit personnel, d'un désarroi intime, qui ont leurs marques stylistiques propres : interrogations à soi-même, alternative, revirements successifs...

De plus, le monologue prend souvent la forme d'un **épanchement poétique** : « La fonction essentielle du monologue est de permettre l'expression lyrique d'un sentiment [...], non seulement de faire connaître les sentiments de son héros [...] mais de les chanter. »[2] Chez Titus et Antiochus, le lyrisme s'exprime à travers l'anaphore* (v. 1008-1009), l'antithèse* (v. 46, 1030), le chiasme* (v. 35-36) ou l'apostrophe à soi-même (v. 19, 987, 1013...).

Le monologue délibératif apparaît le plus souvent dans un contexte tragique : voir Rodrigue dans *Le Cid* (I, 6) ou Roxane dans *Bajazet* (IV, 4). Mais Molière a su en faire une forme comique (Harpagon dans *L'Avare*, IV, 7). On peut aussi mentionner le tour de force de Patrick Süskind avec *La Contrebasse*, pièce réduite à un long monologue, ou encore *Il y avait foule au manoir* de Jean Tardieu, petite comédie imaginée pour « souligner le caractère *artificiel et comique des monologues de théâtre*. »[3]

---

1. Pierre Larthomas, *Le Langage dramatique*, P.U.F., 1980.
2. Jacques Schérer, *La Dramatique classique en France*, Nizet, 1950.
3. Jean Tardieu, *La Comédie de la comédie*, Gallimard, 1966.

REGARDS

Le regard joue un rôle dramatique essentiel dans *Bérénice* : individuel ou collectif, il est tout-puissant, tant sur le plan amoureux que politique.

Le regard est indissociable de la passion amoureuse, à laquelle il donne naissance, qu'il s'agisse d'Antiochus (v. 189-190) ou de Bérénice (« Titus […] vint, vous vit, et vous plut », v. 194). C'est lui aussi qui entretient la « flamme » ; l'amoureux semble tirer sa vie et sa force du regard de l'aimé (v. 156). Et comme on le sait, l'amour ne voit que ce qu'il aime : le spectacle de l'apothéose de Vespasien n'a laissé à Bérénice que la vision éblouie et extatique de Titus (I, 5). Extrêmement perspicace et puissant (v. 993-994), ce regard reste toujours neuf face à l'aimé : « Depuis cinq ans entiers chaque jour je la vois, / Et crois toujours la voir pour la première fois » (v. 545-546).

Cependant, le regard amoureux peut aussi être **source de souffrance** : lorsque l'image de l'amant devient une obsession (v. 279, 1233) ou lorsqu'on attend en vain une réponse, comme Antiochus : « … Je fuis des yeux distraits, / Qui me voyant toujours, ne me voyaient jamais » (v. 277-278). Les yeux ont un langage (v. 201) ; et leur silence signifie la mort de l'amour (v. 737-738).

Il est un autre regard, qui vient contrarier celui de l'amour : celui d'une puissance supérieure, d'un personnage collectif, celui de Rome. Le peuple, le sénat, la cour, autant d'yeux fixés sur Titus et Bérénice, et ce regard **réprobateur et menaçant** (v. 293, 467, 1139) a finalement raison du regard amoureux de Bérénice.

Le regard associé au « coup de foudre » amoureux se rencontre dans de nombreuses œuvres romanesques, depuis *La Princesse de Clèves* (Mme de La Fayette) jusqu'à *L'Éducation sentimentale* (Flaubert) ou *Le Rouge et le Noir* (Stendhal). Quant au regard-sanction, on le trouve dans *Phèdre* (l'insupportable tourment du regard des dieux sur la criminelle) ou dans

1984, le roman de George Orwell, avec le fameux « Big Brother » qui terrorise la société.

SACRIFICE

Dans son sens le plus restreint, le sacrifice est l'offrande faite à une divinité, et en particulier **l'immolation de victimes**. Pris abstraitement, il signifie le renoncement volontaire à quelque chose, une privation acceptée. Les deux acceptions du terme sont illustrées dans *Bérénice*.

Le drame de *Bérénice* n'est pas aussi explicitement religieux que celui d'*Iphigénie* ou de *Phèdre*, dans la mesure où la fatalité ne provient pas d'une puissance divine. Cependant, on relève des traces du sens religieux du terme, notamment dans les propos d'Antiochus, qui se désigne lui-même comme la « trop constante victime » (v. 255) d'un inutile amour, puis offre sa vie pour le bonheur de Titus et Bérénice (v. 1458-1459, 1468). De plus, parce que Rome se substitue ici à la puissance surnaturelle des dieux, on peut dire que Titus lui immole (métaphoriquement) Bérénice (v. 471 : « Résolu d'accomplir ce cruel sacrifice » – étymologiquement « cruel » = sanglant ; voir aussi v. 1004). Bérénice serait une **victime expiatoire** offerte par le pieux Titus aux mânes de Vespasien, à la dignité impériale, à la loi romaine, et au peuple romain tout entier.

Enfin, le sens courant de renoncement volontaire s'applique particulièrement au personnage de Bérénice. En effet, dessillée et apaisée, elle nous apparaît à la dernière scène non plus comme une victime réticente, mais comme une **héroïne consentante**, grandie par son acceptation douloureuse (v. 1491-1494).

Le thème de l'holocauste religieux, que l'on trouve dans la Bible (le sacrifice d'Isaac, dans le livre de la Genèse, chapitre 22), a été exploité par Racine dans *Iphigénie*, tragédie inspirée d'Euripide. Quant au renoncement amoureux dans les œuvres littéraires, il appartient essentiellement aux héroïnes féminines comme *La Princesse de Clèves* (Mme de La Fayette),

Eugénie Grandet (Balzac) ou *La Rempailleuse* (Maupassant). Rappelons cependant un exemple masculin illustre, celui de *Cyrano de Bergerac* (E. Rostand) dont le silence de quinze ans dépasse celui d'Antiochus.

TEMPS

Le temps, ressort dramatique capital dans la tragédie, acquiert une dimension primordiale dans *Bérénice*.

Le **thème du souvenir** apparaît dès l'exposition, révélant aux spectateurs les événements antérieurs au temps dramatique : le récit de la passion d'Antiochus (v. 189-191), le coup de foudre de Titus et Bérénice (v. 194, 545) et, plus proche encore, la décision de Titus (« depuis huit jours », v. 473). Les récits peuvent aussi rappeler des événements historiques ou politiques : le siège de Jérusalem (v. 101-114), l'apothéose de Vespasien (v. 301-316)… Ces nombreuses allusions au passé se concentrent surtout au début de la tragédie : d'une part, pour se conformer aux nécessités de l'exposition, mais aussi parce que le passé est comme un refuge, une force pour les personnages livrés au désarroi.

Par ailleurs, **le présent est sous le signe de l'urgence** : Titus dispose de peu de temps parce qu'il subit la pression de Rome (v. 414-416), parce que sa dignité d'empereur réclame toute son énergie, ou, peut-être, parce qu'il a l'intuition que son règne sera bref, d'où sa crainte du « temps perdu » (v. 1029-1030, 1036-1039). Cette urgence fréquemment évoquée se trouve renforcée par l'unité de temps (qui impose une action limitée à vingt-quatre heures) : les personnages ne cessent de rappeler que c'est « le dernier jour », « la dernière fois » (v. 59, 186, 259-260, 414, 490, 869, 1506…).

Enfin, **l'avenir** semble impossible à envisager pour les trois héros (c'est pourquoi ils songent d'abord au suicide) : ils ne le conçoivent que sous l'aspect d'une **interminable durée**. L'horreur d'une « éternité solitaire » s'empare de Bérénice à l'annonce de la séparation (« Pour jamais », v. 1110-1111 ;

« Dans un mois, dans un an… », v. 1113). Le rythme et les sonorités des vers suggèrent un **ennui mortel** (v. 1115-1117). Le temps semble alors s'arrêter et prendre le visage d'une éternité figée : « C'en est fait » est à ce titre la formule tragique par excellence (v. 1278, 1310).

Si la fuite du temps est un thème de prédilection chez les poètes (du Bellay, *Antiquités de Rome* ; Apollinaire, « Le Pont Mirabeau » dans *Alcools*), Racine le traite de façon originale en insistant sur la peur suscitée par un inconnu menaçant (comme Baudelaire avec « L'Ennemi », dans *Les Fleurs du mal*) ou en privilégiant le thème de l'étirement du temps et de l'ennui (voir aussi *Le Désert des Tartares* de Dino Buzzati et *Un balcon en forêt* de Julien Gracq).

D'AUTRES TEXTES

L'amoureux exclu

La « fureur » jalouse

Phèdre, persuadée que son époux Thésée est mort, s'est déclarée à son beau-fils Hippolyte, dont elle est éperdument amoureuse. Quoique le jeune homme l'ait repoussée avec horreur, elle n'a pas perdu tout espoir de le séduire. Mais elle découvre que la jeune « Aricie a trouvé le chemin de son cœur », qu'« Hippolyte est sensible et ne sent rien pour [elle] ». En présence de sa confidente Œnone, Phèdre laisse libre cours à son désespoir…

PHÈDRE

Ah ! douleur non encore éprouvée !
À quel nouveau tourment je me suis réservée !
Tout ce que j'ai souffert, mes craintes, mes transports,
La fureur de mes feux, l'horreur de mes remords,
Et d'un cruel refus l'insupportable injure,
N'était qu'un faible essai du tourment que j'endure.
Ils s'aiment ! Par quel charme[1] ont-ils trompé mes yeux ?
Comment se sont-ils vus ? Depuis quand ? Dans quels lieux ?
Tu le savais. Pourquoi me laissais-tu séduire[2] ?
De leur furtive ardeur ne pouvais-tu m'instruire ?
Les a-t-on vus souvent se parler, se chercher ?
Dans le fond des forêts allaient-ils se cacher ?
Hélas ! ils se voyaient avec pleine licence[3].
Le ciel de leurs soupirs approuvait l'innocence ;

---

1. **Charme :** enchantement.
2. **Séduire :** tromper.
3. **Avec pleine licence :** en toute liberté.

Ils suivaient sans remords leur penchant amoureux ;
Tous les jours se levaient clairs et sereins pour eux.
Et moi, triste rebut de la nature entière,
Je me cachais au jour, je fuyais la lumière.
La mort est le seul dieu que j'osais implorer.
J'attendais le moment où j'allais expirer ;
Me nourrissant de fiel[1], de larmes abreuvée,
Encor dans mon malheur de trop près observée,
Je n'osais dans mes pleurs me noyer à loisir.
Je goûtais en tremblant ce funeste plaisir,
Et sous un front serein déguisant mes alarmes[2],
Il fallait bien souvent me priver de mes larmes.

Jean RACINE, Phèdre, acte IV, sc. 6 (v. 1225-1250).

QUESTIONS

1. Étudiez la modalité, la construction et le rythme des phrases : quel état d'esprit traduisent-ils ?

2. Observez la forme et la place des pronoms personnels : quelles relations dessinent-ils entre les personnages ? Quels sentiments contribuent-ils à exprimer ?

3. Comparez l'expression du tourment chez Phèdre et chez Antiochus (III, 4) : d'après vous, à quoi tient la supériorité tragique du personnage de Phèdre ?

BARBEY D'AUREVILLY, *LES DIABOLIQUES*, 1874

Le choix de la dignité

La jeune comtesse de Savigny, agonisante, se confie à son médecin : elle sait qu'elle a été empoisonnée par la maîtresse de son mari, avec la complicité de celui-ci. Elle refuse néanmoins tout antidote et supplie le médecin de garder le secret pour éviter un scandale...

---

1. **Fiel :** amertume.
2. **Alarmes :** désespoir.

« — Ah ! ce n'est pas ce que vous croyez qui me fait vous demander de me jurer cela, docteur ! Oh ! non ! je hais trop Serlon[1] en ce moment pour ne pas, malgré sa trahison, l'aimer encore... Mais je ne suis pas si lâche que de lui pardonner ! Je m'en irai de cette vie, jalouse de lui, et implacable. Mais il ne s'agit pas de Serlon, docteur, reprit-elle avec énergie, en me découvrant tout un côté de son caractère que j'avais entrevu, mais que je n'avais pas pénétré dans ce qu'il avait de plus profond. Il s'agit du comte de Savigny. Je ne veux pas, quand je serai morte, que le comte de Savigny passe pour l'assassin de sa femme. Je ne veux pas qu'on le traîne en cour d'assises, qu'on l'accuse de complicité avec une servante[2] adultère et empoisonneuse ! Je ne veux pas que cette tache reste sur ce nom de Savigny, que j'ai porté. Oh ! s'il ne s'agissait que de lui, il est digne de tous les échafauds ! Mais lui, je lui mangerais le cœur ! Mais il s'agit de nous tous, les gens comme il faut du pays ! Si nous étions encore ce que nous devrions être, j'aurais fait jeter cette Eulalie dans une des oubliettes du château de Savigny, et il n'en aurait plus été question jamais ! Mais, à présent, nous ne sommes plus les maîtres chez nous. Nous n'avons plus notre justice expéditive et muette, et je ne veux pour rien des scandales et des publicités de la vôtre, docteur ; et j'aime mieux les laisser dans les bras l'un de l'autre, heureux et délivrés de moi, et mourir enragée comme je meurs, que de penser, en mourant, que la noblesse de V... aurait l'ignominie de compter un empoisonneur dans ses rangs. »

Jules Barbey d'Aurevilly, *Les Diaboliques*,
« Le bonheur dans le crime ».

QUESTIONS

1. Étudiez les types de phrases employés par la comtesse : que révèlent-ils sur son caractère ?

2. Comparez la déclaration de la comtesse : « J'aime mieux les laisser dans les bras l'un de l'autre, heureux et délivrés de moi, et mourir

---

1. **Serlon** : son mari, le comte de Savigny.
2. Hauteclaire, la maîtresse de Serlon, s'est déguisée en servante et a pris le nom d'Eulalie, pour venir vivre au château de son amant.

enragée comme je meurs » avec celle d'Antiochus dans la scène finale de *Bérénice* (v. 1461-1468) : quelles remarques faites-vous ?

3. Comme Antiochus, la comtesse fait le choix de la dignité : ses motifs sont-ils les mêmes ? Quels sentiments absents du discours d'Antiochus apparaissent ici ? Et vice versa ?

MAUPASSANT, « *PETIT SOLDAT* », 1885

Le mutisme du désespoir

Deux jeunes soldats, Jean et Luc, ont pour seule distraction le dimanche de contempler une jolie paysanne qui trait sa vache. Ils se lient d'amitié avec elle. Mais bientôt une idylle secrète se noue entre Luc et la jeune fille ; un jour, comme ceux-ci s'enfoncent seuls sous les taillis, Jean comprend qu'il est désormais de trop...

« Il demeurait immobile, abruti d'étonnement et de souffrance, d'une souffrance naïve et profonde. Il avait envie de pleurer, de se sauver, de se cacher, de ne plus voir personne jamais.

Tout à coup, il les aperçut qui sortaient du taillis. Ils revinrent doucement en se tenant par la main, comme font les promis[1] dans les villages. C'était Luc qui portait le seau.

Ils s'embrassèrent encore avant de se quitter, et la fille s'en alla après avoir jeté à Jean un bonsoir amical et un sourire d'intelligence[2]. Elle ne pensa point à lui offrir du lait ce jour-là.

Les deux petits soldats demeurèrent côte à côte, immobiles comme toujours, silencieux et calmes, sans que la placidité de leur visage montrât rien de ce qui troublait leur cœur. Le soleil tombait sur eux. La vache, parfois, mugissait en les regardant de loin.

À l'heure ordinaire, ils se levèrent pour revenir.

Luc épluchait une baguette. Jean portait le litre vide. Il le déposa chez le marchand de vin de Bezons. Puis ils s'engagèrent

---

1. Promis : fiancés.
2. Intelligence : complicité.

sur le pont, et, comme chaque dimanche, ils s'arrêtèrent au milieu, afin de regarder couler l'eau quelques instants.

Jean se penchait, se penchait de plus en plus sur la balustrade de fer, comme s'il avait vu dans le courant quelque chose qui l'attirait. Luc lui dit : " C'est-il que tu veux y boire un coup ? " Comme il prononçait le dernier mot, la tête de Jean emporta le reste, les jambes enlevées décrivirent un cercle en l'air, et le petit soldat bleu et rouge tomba d'un bloc, entra et disparut dans l'eau.

Luc, la gorge paralysée d'angoisse, essayait en vain de crier. Il vit plus loin quelque chose remuer ; puis la tête de son camarade surgit à la surface du fleuve, pour y rentrer aussitôt.

Plus loin encore, il aperçut, de nouveau, une main, une seule main qui sortit de la rivière, et y replongea. Ce fut tout. »

Guy de MAUPASSANT, « Petit soldat »,
paru dans *Monsieur Parent.*

QUESTIONS

1. Déterminez les passages de focalisation* zéro, interne et externe dans cette page : quel est l'intérêt de cette variété ? Quels sont les avantages de l'écriture romanesque sur l'écriture théâtrale ?

2. Contrairement aux autres « exclus », Jean n'exprime pas ses sentiments ; quels effets l'auteur tire-t-il de ce silence ?

3. Comparez ce dénouement avec celui de *Bérénice* : lequel vous paraît le plus tragique ? le plus pathétique ? Pourquoi ?

ROSTAND, *CYRANO DE BERGERAC*, 1897

« Une généreuse imposture »

Cyrano, spirituel mais défiguré par son long nez, aime sans espoir sa cousine Roxane. Il accepte de se faire le porte-parole de Christian, beau mais moins spirituel : seul Christian se montrera à elle. Caché dans l'ombre, Cyrano lui prête ici son esprit et sa voix.

CYRANO

Certes, ce sentiment
Qui m'envahit, terrible et jaloux, c'est vraiment
De l'amour, il en a toute la fureur triste !
De l'amour, – et pourtant il n'est pas égoïste !
Ah ! que pour ton bonheur je donnerais le mien,
Quand même tu devrais n'en savoir jamais rien,
S'il se pouvait, parfois, que de loin j'entendisse
Rire un peu le bonheur né de mon sacrifice !
– Chaque regard de toi suscite une vertu
Nouvelle, une vaillance en moi ! Commences-tu
À comprendre, à présent ? voyons, te rends-tu compte ?
Sens-tu mon âme, un peu, dans cette ombre, qui monte ?...
Oh ! mais vraiment, ce soir, c'est trop beau, c'est trop doux !
Je vous dis tout cela, vous m'écoutez, moi, vous !
C'est trop ! Dans mon espoir même le moins modeste,
Je n'ai jamais espéré tant ! Il ne me reste
Qu'à mourir maintenant ! C'est à cause des mots
Que je dis qu'elle tremble entre les bleus rameaux !
Car vous tremblez, comme une feuille entre les feuilles !
Car tu trembles ! car j'ai senti, que tu le veuilles
Ou non, le tremblement adoré de ta main
Descendre tout le long des branches du jasmin !
(Il baise éperdument l'extrémité d'une branche pendante.)

ROXANE

Oui, je tremble, et je pleure, et je t'aime, et suis tienne !
Et tu m'as enivrée !

CYRANO

Alors, que la mort vienne !
Cette ivresse, c'est moi, moi, qui l'ai su causer !

Edmond ROSTAND, *Cyrano de Bergerac*, acte III, sc. 7.

QUESTIONS

1. La tirade de Cyrano foisonne de propos à double entente : lesquels ?
Que comprend Roxane ? et le spectateur ?

2. Comment se traduit l'émotion de Cyrano dans cette scène ?

3. En quoi le sacrifice de Cyrano est-il plus noble que celui de Titus ?
plus touchant que celui de Bérénice ou d'Antiochus ?

PROUST, *UN AMOUR DE SWANN*, 1913

Les morsures de la jalousie

La liaison de Swann avec la demi-mondaine Odette est rapidement empoisonnée par les soupçons qu'il nourrit à l'égard de la jeune femme. Swann ressent alors les premières atteintes d'une « douleur brusque et profonde »...

« Comme si ç'avait été une douleur physique, les pensées de Swann ne pouvaient pas l'amoindrir ; mais du moins la douleur physique, parce qu'elle est indépendante de la pensée, la pensée peut s'arrêter sur elle, constater qu'elle a diminué, qu'elle a momentanément cessé. Mais cette douleur-là, la pensée, rien qu'en se la rappelant, la recréait. Vouloir n'y pas penser, c'était y penser encore, en souffrir encore. Et quand, causant avec des amis, il oubliait son mal, tout d'un coup un mot qu'on lui disait le faisait changer de visage, comme un blessé dont un maladroit vient de toucher sans précaution le membre douloureux. Quand il quittait Odette, il était heureux, il se sentait calme, il se rappelait les sourires qu'elle avait eus, railleurs en parlant de tel ou tel autre, et tendres pour lui, la lourdeur de sa tête qu'elle avait détachée de son axe pour l'incliner, la laisser tomber, presque malgré elle, sur ses lèvres, comme elle avait fait la première fois en voiture, les regards mourants qu'elle lui avait jetés pendant qu'elle était dans ses bras, tout en contractant frileusement contre l'épaule sa tête inclinée.

Mais aussitôt sa jalousie, comme si elle était l'ombre de son amour, se complétait du double de ce nouveau sourire qu'elle lui avait adressé le soir même – et qui, inverse maintenant, raillait Swann et se chargeait d'amour pour un autre –, de cette inclinaison de sa tête mais renversée vers d'autres lèvres, et, données à un autre, de toutes les marques de tendresse qu'elle avait eues pour lui. »

Marcel PROUST, *Un amour de Swann.*

QUESTIONS

1. Swann n'a encore aucune certitude de l'infidélité d'Odette : à quels indices devine-t-on le travail de son imagination ? Quelle est la nature du sentiment éprouvé ?

2. Faites le relevé du champ lexical de la souffrance physique : pourquoi une telle extension dans un texte consacré aux sentiments ?

3. Comparez le tourment de Swann avec celui d'Antiochus (I, 2) : à quels facteurs historiques, littéraires, idéologiques… tiennent aussi leurs différences ?

Sujet de bac

QUESTIONS D'ENSEMBLE

1. Déterminez la focalisation dominante dans les textes de Barbey, Maupassant et Proust. En quoi contribue-t-elle au pathétique du récit ?

2. Comparez la vision du couple heureux par « l'exclu » dans les textes du corpus.

DISSERTATION

La jalousie est-elle indissociable de la mort dans les œuvres romanesques et dramatiques ? Vous répondrez à cette question en vous appuyant sur les textes du corpus (et éventuellement d'autres textes de votre connaissance).

COMMENTAIRE

Vous ferez le commentaire de la tirade de Cyrano en étudiant la manière dont s'expriment les sentiments et les émotions du personnage, et dont la parole masquée compose avec l'épanchement du cœur.

ÉCRITURE D'INVENTION

Après le suicide de Jean, Luc fait le récit de leur journée en essayant de comprendre le geste de son camarade : vous imaginerez son discours sans oublier que le jeune homme est encore sous le coup de l'émotion et de la terreur.

DIRE

Vous direz lequel des personnages du corpus vous paraît le plus tragique et vous justifierez votre choix.

Dénouement tragique et dénouement de tragédie

SHAKESPEARE, *CORIOLAN*, 1623

« Le bruit et la fureur »

Patricien orgueilleux, le Romain Caïus Marcius a combattu seul les Volsques dans les murs de Corioles et y a gagné le surnom glorieux de Coriolan. Mais son mépris du peuple lui ferme l'accès au consulat : excitée par ses tribuns ulcérés, la plèbe exige son bannissement. Coriolan se réconcilie alors avec son ennemi juré Aufidius, général des Volsques. Ensemble, ils marchent contre Rome, mais Coriolan, ému par les supplications de sa mère et de sa femme, renonce à détruire sa patrie. Aufidius, jaloux de Coriolan depuis toujours, et secrètement déterminé à le perdre, l'accuse alors de trahison.

CORIOLAN. — Coupez-moi en morceaux, Volsques ! Hommes et marmousets[1], rougissez sur moi toutes vos lames. *(À Aufidius.)* Moi, enfant !... Aboyeur d'impostures !... Si vous avez écrit loyalement vos annales[2], vous y verrez qu'apparu comme un aigle dans un colombier, j'ai ici même, dans Corioles, épouvanté tous vos Volsques, et j'étais seul !... Un enfant.

AUFIDIUS. — Quoi ! nobles seigneurs, vous permettrez que les exploits de son aveugle fortune, qui furent votre honte, soient rappelés par ce fanfaron impie à vos oreilles et sous vos yeux mêmes !

LES CONJURÉS. — Qu'il meure pour cela !

VOIX DANS LA FOULE. — Mettez-le en pièces !... sur-le-champ !... Il a tué mon fils !... ma fille !... Il a tué mon cousin Marcus !... Il a tué mon père !

---

1. **Marmousets :** enfants. Aufidius vient de traiter Coriolan d'« enfant des larmes », parce qu'il avait « pour des pleurs de nourrice » (le chagrin de sa mère et de sa femme) privé les Volsques d'une victoire éclatante.
2. **Annales :** recueils de faits historiques.

DEUXIÈME SEIGNEUR, *au peuple*. — Silence ! holà ! Pas d'outrage !… Silence… C'est un homme illustre dont la renommée enveloppe l'orbe[1] de la terre. Sa dernière offense à notre égard subira une enquête judiciaire… Arrêtez, Audifius ! et ne troublez pas la paix !

CORIOLAN. — Oh ! que je voudrais l'avoir, lui, et six Audifius, et toute sa tribu, à la portée de mon glaive justicier !

AUDIFIUS, *dégainant*. — Insolent scélérat !

LES CONJURÉS, *dégainant*. — Tue ! Tue ! Tue ! Tue ! Tue-le !

LES SEIGNEURS. — Arrêtez ! arrêtez ! arrêtez ! arrêtez !

(Audifius et les conjurés se jettent sur Coriolan, qui tombe et meurt. Audifius pose le pied sur son cadavre.)

AUDIFIUS — Mes nobles maîtres, écoutez-moi.

PREMIER SEIGNEUR. — Ô Tullus !

DEUXIÈME SEIGNEUR. — Tu as commis une action que pleurera la valeur.

TROISIÈME SEIGNEUR. — Ne marche pas sur lui. *(Aux citoyens.)* Du calme, mes maîtres !… Remettez vos épées.

AUDIFIUS. — Messeigneurs, quand vous apprendrez (ce qui, dans cette fureur, provoquée par lui, ne peut vous être expliqué) quel grave danger était pour vous la vie de cet homme, vous vous réjouirez de voir ses jours ainsi tranchés. Daignent vos Seigneuries me mander[2] à leur Sénat ! Si je ne prouve pas que je suis votre loyal serviteur, je veux subir votre plus rigoureux jugement.

PREMIER SEIGNEUR. — Emportez son corps, et suivez son deuil. Croyez-le ! jamais héraut n'a escorté de plus nobles restes jusqu'à l'urne funèbre[3].

DEUXIÈME SEIGNEUR. — L'irritation d'Audifius atténue grandement son tort. Prenons-en notre parti.

AUDIFIUS. — Ma fureur est passée, et je suis pénétré de tristesse… Enlevons-le. Que trois des principaux guerriers m'assistent ! je serai le quatrième. Que le tambour fasse entendre un

---

1. **Orbe :** orbite ou globe.
2. **Mander :** faire venir.
3. L'urne où l'on met les cendres d'un défunt.

roulement lugubre ! Renversez l'acier de vos piques. Quoique dans cette cité il ait mis en deuil bien des femmes et bien des mères qui gémissent encore de ses coups, il aura un noble monument… Aidez-moi ! *(Ils sortent, emportant le corps de Coriolan, au son d'une marche funèbre.)*

William SHAKESPEARE, *Coriolan*, acte V, sc. 6
(traduction de François-Victor Hugo).

QUESTIONS

1. En vous appuyant sur l'observation des phrases, étudiez la montée de la tension dans la scène, puis son relâchement. Déduisez-en la structure du passage.

2. Comparez la tonalité du dénouement de *Coriolan* à celui de *Bérénice*, et déterminez ce qui fait « le plaisir de la tragédie » dans chacun d'eux.

3. Comparez ce passage de Coriolan à son homologue dans la tragédie de Racine : quels éléments (personnages, discours, mise en scène) distinguent le théâtre shakespearien du théâtre racinien ?

CORNEILLE, *CINNA*, 1640

Une tragédie à fin heureuse

Cinna a fomenté avec Émilie et Maxime l'assassinat de l'empereur Auguste. Bouleversé par la trahison de son protégé, l'empereur, déjà las du pouvoir, envisage le suicide. Son épouse Livie, convaincue que « la clémence est la plus belle marque/ Que fasse à l'univers connaître un vrai monarque », l'incite au pardon. Mais Auguste apprend encore qu'Émilie, qu'il aime comme sa fille, et Maxime étaient du complot…

AUGUSTE
En est-ce assez, ô ciel ! et le sort, pour me nuire,
A-t-il quelqu'un des miens qu'il veuille encor séduire ?
Qu'il joigne à ses efforts le secours des enfers :
Je suis maître de moi comme de l'univers ;
Je le suis, je veux l'être. Ô siècles, ô mémoire,
Conservez à jamais ma dernière victoire !
Je triomphe aujourd'hui du plus juste courroux

De qui[1] le souvenir puisse aller jusqu'à vous.
Soyons amis, Cinna, c'est moi qui t'en convie :
Comme à mon ennemi je t'ai donné la vie[2],
Et malgré la fureur de ton lâche destin[3],
Je te la donne encor comme à mon assassin.
Commençons un combat qui montre par l'issue
Qui l'aura mieux de nous ou donnée ou reçue.
Tu trahis mes bienfaits, je les veux redoubler ;
Je t'en avais comblé, je t'en veux accabler :
Avec cette beauté[4] que je t'avais donnée,
Reçois le consulat pour la prochaine année.
Aime Cinna, ma fille, en cet illustre rang,
Préfères-en la pourpre[5] à celle de mon sang ;
Apprends sur mon exemple à vaincre ta colère :
Te rendant un époux, je te rends plus qu'un père.

ÉMILIE

Et je me rends, Seigneur, à ces hautes bontés ;
Je recouvre la vue auprès de leurs clartés :
Je connais[6] mon forfait, qui me semblait justice ;
Et ce que n'avait pu la terreur du supplice,
Je sens naître en mon âme un repentir puissant,
Et mon cœur en secret me dit qu'il y consent.
Le ciel a résolu votre grandeur suprême ;
Et pour preuve, Seigneur, je n'en veux que moi-même :
J'ose avec vanité me donner cet éclat[7],
Puisqu'il change mon cœur, qu'il veut changer l'État.
Ma haine va mourir, que j'ai crue immortelle ;
Elle est morte, et ce cœur devient sujet fidèle ;
Et prenant désormais cette haine en horreur,
L'ardeur de vous servir succède à sa fureur.

---

1. **De qui :** dont.
2. Cinna est né dans le camp des ennemis d'Auguste, mais celui-ci l'a épargné et comblé de bienfaits.
3. **Destin :** projet.
4. Émilie était promise à Cinna.
5. Couleur symbolique du consulat.
6. **Je connais :** je reconnais.
7. **Cet éclat :** cette preuve éclatante.

CINNA

Seigneur, que vous dirai-je après que nos offenses
Au lieu de châtiments trouvent des récompenses ?
Ô vertu sans exemple ! ô clémence qui rend
Votre pouvoir plus juste et mon crime plus grand !

AUGUSTE

Cesse d'en retarder un oubli magnanime,
Et tous deux avec moi faites grâce à Maxime :
Il nous a trahis tous[1] ; mais ce qu'il a commis
Vous conserve innocents et me rend mes amis.

(À Maxime)

Reprends auprès de moi ta place accoutumée ;
Rentre dans ton crédit et dans ta renommée ;
Qu'Euphorbe[2] de tous trois ait sa grâce à son tour ;
Et que demain l'hymen couronne leur amour.
Si tu l'aimes encor, ce sera ton supplice.

MAXIME

Je n'en murmure point, il a trop de justice ;
Et je suis plus confus, Seigneur, de vos bontés
Que je ne suis jaloux du bien que vous m'ôtez.

CINNA

Souffrez que ma vertu dans mon cœur rappelée
Vous consacre une foi lâchement violée,
Mais si ferme à présent, si loin de chanceler
Que la chute du ciel ne pourrait l'ébranler.
Puisse le grand moteur des belles destinées,
Pour prolonger vos jours, retrancher nos années ;
Et moi, par un bonheur dont chacun soit jaloux,
Perdre pour vous cent fois ce que je tiens de vous.

[…] (Livie prophétise alors un avenir de grandeur et de paix
à l'Empire romain.)

---

1. Maxime était venu dénoncer le complot à Auguste.
2. Affranchi de Maxime et son mauvais conseiller.

AUGUSTE

J'en accepte l'augure, et j'ose l'espérer :
Ainsi toujours les dieux vous daignent inspirer !
Qu'on redouble demain les heureux sacrifices
Que nous leur offrirons sous de meilleurs auspices,
Et que vos conjurés entendent publier
Qu'Auguste a tout appris et veut tout oublier.

Pierre CORNEILLE, *Cinna*, acte V, sc. 3 (v. 1693-1752 et 1775-1780).

QUESTIONS

1. À l'acte IV, Livie avait conseillé à Auguste d'« essayer la clémence », lui suggérant que les conjurés, exaspérés par ses rigueurs, se laisseraient peut-être toucher par ses bontés : comment ses prévisions se réalisent-elles ?

2. D'après vous, la clémence d'Auguste est-elle pure magnanimité, orgueil aristocratique ou calcul politique ? Justifiez votre réponse.

3. En vous aidant de la préface de *Bérénice* (voir p. 22), expliquez pourquoi *Cinna* reste une tragédie malgré son dénouement heureux.

GOETHE, *FAUST*, 1808

L'expiation salvatrice

Grâce au pacte conclu avec le diabolique Méphistophélès, Faust, « avide de plaisir », a séduit une jeune fille honnête et vertueuse. Le frère de Marguerite meurt en voulant venger l'honneur de sa sœur, leur mère meurt de chagrin, et Marguerite, convaincue d'infanticide, est emprisonnée. La dernière scène se déroule dans le cachot de Marguerite tourmentée par le remords. Faust, aidé de Méphisto, tente de la délivrer.

MARGUERITE

Je n'ose sortir, il ne me reste plus rien à espérer, et, pour moi, de quelle utilité serait la fuite ! Ils épient mon passage ! Puis, se voir réduite à mendier, c'est si misérable, et avec une mauvaise conscience encore ! C'est si misérable d'errer dans l'exil ! et d'ailleurs ils sauraient bien me reprendre.

FAUST

Je reste donc avec toi !

MARGUERITE

Vite ! vite ! sauve ton pauvre enfant ! va, suis le chemin le long du ruisseau, dans le sentier, au fond de la forêt, à gauche, où est l'écluse, dans l'étang. Saisis-le vite, il s'élève à la surface, il se débat encore ! sauve-le ! sauve-le !

FAUST

Reprends donc tes esprits ; un pas encore, et tu es libre !

MARGUERITE

Si nous avions seulement dépassé la montagne ! Ma mère est là, assise sur la pierre. Le froid me saisit à la nuque ! Ma mère est là, assise sur la pierre, et elle secoue la tête, sans me faire aucun signe, sans cligner de l'œil, sa tête est si lourde, elle a dormi si longtemps !... Elle ne veille plus ! elle dormait pendant nos plaisirs. C'étaient là d'heureux temps !

FAUST

Puisque ni larmes ni paroles ne font rien sur toi, j'oserai t'entraîner loin d'ici.

MARGUERITE

Laisse-moi ! non, je ne supporterai aucune violence ! Ne me saisis pas si violemment ! je n'ai que trop fait ce qui pouvait te plaire.

FAUST

Le jour se montre !... Mon amie ! ma bien-aimée !

MARGUERITE

Le jour ? Oui, c'est le jour ! c'est le dernier des miens ; il devait être celui de mes noces ! Ne va dire à personne que Marguerite t'avait reçu si matin. Ah ! ma couronne !... elle est bien aventurée !... Nous nous reverrons, mais ce ne sera pas à la danse. La foule se presse, on ne cesse de l'entendre ; la place, les rues pourront-elles lui suffire ? La cloche m'appelle, la baguette de justice est brisée. Comme ils m'enchaînent ! Comme ils me saisissent ! Je suis déjà enlevée sur l'échafaud, déjà tombe sur le cou de chacun le tranchant jeté sur le mien. Voilà le monde entier muet comme le tombeau !

FAUST

Oh ! que ne suis-je jamais né !

MÉPHISTOPHÉLÈS *(se montrant au dehors)*

Sortez ! ou vous êtes perdus. Que de paroles inutiles ! que de retards et d'incertitudes ! Mes chevaux s'agitent, et le jour commence à poindre.

MARGUERITE

Qui s'élève ainsi de la terre ? Lui ! Lui ! chasse-le vite ; que vient-il faire dans le saint lieu ?… C'est moi qu'il veut.

FAUST

Il faut que tu vives !

MARGUERITE

Justice de dieu, je me suis livrée à toi !

MÉPHISTOPHÉLÈS *(à Faust)*

Viens ! viens ! ou je t'abandonne avec elle sous le couteau !

MARGUERITE

Je t'appartiens, père ! sauve-moi ! Anges, entourez-moi, protégez-moi de vos saintes armées !… Henri, tu me fais horreur !

MÉPHISTOPHÉLÈS

Elle est jugée !

VOIX *(d'en haut)*

Elle est sauvée !

MÉPHISTOPHÉLÈS *(à Faust)*

Ici, à moi ! *(Il disparaît avec Faust.)*

VOIX *(du fond, qui s'affaiblit)*

Henri ! Henri !

Johann Wolfgang von GOETHE, *Faust*, « Cachot »,
(traduction de Gérard de Nerval).

QUESTIONS

1. Observez l'enchaînement des répliques : que révèle-t-il de l'état mental de Marguerite ?

2. Comment le travail du remords se fait-il sentir dans le discours de la jeune femme ?

3. Comparez le dénouement de *Faust* à celui de *Bérénice* : la séparation des amants vous paraît-elle plus tragique chez Racine ou chez Goethe ? Justifiez votre réponse.

HUGO, *HERNANI*, 1830

L'hécatombe romantique

Aimée de trois hommes (le roi d'Espagne, le proscrit Hernani et son oncle le vieux don Ruy Gomez), doña Sol a choisi Hernani ; or le jeune homme, sauvé de l'arrestation par Ruy Gomez, lui a promis de mourir dès que celui-ci l'exigerait… Après le mariage des deux jeunes gens, le vieillard vient réclamer son dû : la vie d'Hernani. Mais Doña Sol, décidée à le précéder dans la mort, s'empare du poison qu'elle boit la première ; commence l'agonie des deux jeunes époux…

DOÑA SOL
Viens, ô mon jeune amant,
Dans mes bras.
Ils s'asseyent l'un près de l'autre.
Est-ce pas qu'on souffre horriblement ?

HERNANI
Non.

DOÑA SOL
Voilà notre nuit de noces commencée !
Je suis bien pâle, dis, pour une fiancée ?

HERNANI
Ah !

DON RUY GOMEZ
La fatalité s'accomplit.

HERNANI
Désespoir !
Ô tourment ! doña Sol souffrir, et moi le voir !

DOÑA SOL
Calme-toi. Je suis mieux. — Vers des clartés nouvelles
Nous allons tout à l'heure ensemble ouvrir nos ailes.
Partons d'un vol égal vers un monde meilleur.
Un baiser seulement, un baiser !
Ils s'embrassent.

DON RUY GOMEZ
Ô douleur !

HERNANI, *d'une voix affaiblie.*
Oh ! béni soit le ciel qui m'a fait une vie
D'abîmes entourée et de spectres suivie,
Mais qui permet que, las d'un si rude chemin,
Je puisse m'endormir ma bouche sur ta main !

DON RUY GOMEZ
Qu'ils sont heureux !

HERNANI, *d'une voix de plus en plus faible.*
Viens, viens… doña Sol… tout est sombre…
Souffres-tu ?

DOÑA SOL, *d'une voix également éteinte.*
Rien, plus rien.

HERNANI
Vois-tu des feux dans l'ombre ?

DONA SOL
Pas encor.

HERNANI, *avec un soupir.*
Voici…

Il tombe.

DON RUY GOMEZ, *soulevant sa tête qui retombe.*
Mort !

DOÑA SOL, *échevelée, et se dressant à demi sur son séant.*
Mort ! non pas ! nous dormons.
Il dort. C'est mon époux, vois-tu. Nous nous aimons.
Nous sommes couchés là. C'est notre nuit de noce.

D'une voix qui s'éteint.
Ne le réveillez pas, seigneur duc de Mendoce.
Il est las.

Elle retourne la figure d'Hernani.
Mon amour, tiens-toi vers moi tourné…
Plus près… plus près encor…

Elle retombe.

DON RUY GOMEZ
Morte ! — Oh ! je suis damné.

Il se tue.

Victor HUGO, *Hernani*, acte V, sc. 6.

QUESTIONS

1. Quel est le rôle des répliques de don Ruy Gomez dans ce dénouement ?

2. Étudiez les métaphores de la nuit et du sommeil. Comment les motifs
de l'amour et de la mort s'articulent-ils dans cette scène ?

3. Rapprochez les trios tragiques d'*Hernani* et de *Bérénice* : en quoi
sont-ils comparables ? En quoi s'opposent-ils ?

MUSSET, *ON NE BADINE PAS AVEC L'AMOUR*, **1834**

La fin d'un jeu cruel

Camille et Perdican sont promis au mariage depuis l'enfance.
Mais sous l'influence de son séjour au couvent, et probablement
par coquetterie et par orgueil, Camille repousse Perdican, qui pour
la rendre jalouse fait la cour à sa sœur de lait Rosette. Les incons-
cients n'ont pas prévu les conséquences de leur badinage…

PERDICAN. Insensés que nous sommes ! nous nous aimons.
Quel songe avons-nous fait, Camille ? Quelles vaines paroles,
quelles misérables folies ont passé comme un vent funeste entre
nous deux ? Lequel de nous a voulu tromper l'autre ? Hélas !
cette vie est elle-même un si pénible rêve ! pourquoi encore y
mêler les nôtres ? Ô mon Dieu ! le bonheur est une perle si rare
dans cet océan d'ici-bas ! Tu nous l'avais donné, pêcheur céleste,
tu l'avais tiré pour nous des profondeurs de l'abîme, cet inesti-
mable joyau ; et nous, comme des enfants gâtés que nous
sommes, nous en avons fait un jouet. Le vert sentier qui nous
amenait l'un vers l'autre avait une pente si douce, il était entouré
de buissons si fleuris, il se perdait dans un si tranquille horizon !
Il a bien fallu que la vanité, le bavardage et la colère vinssent

jeter leurs rochers informes sur cette route céleste, qui nous aurait conduits à toi dans un baiser ! Il a bien fallu que nous nous fissions du mal, car nous sommes des hommes ! Ô insensés ! nous nous aimons. *(Il la prend dans ses bras.)*

CAMILLE. Oui, nous nous aimons, Perdican ; laisse-moi le sentir sur ton cœur. Ce Dieu qui nous regarde ne s'en offensera pas ; il veut bien que je t'aime ; il y a quinze ans qu'il le sait.

PERDICAN. Chère créature, tu es à moi ! *(Il l'embrasse ; on entend un grand cri derrière l'autel.)*

CAMILLE. C'est la voix de ma sœur de lait.

PERDICAN. Comment est-elle ici ? Je l'avais laissée dans l'escalier, lorsque tu m'as fait rappeler. Il faut donc qu'elle m'ait suivi sans que je m'en sois aperçu.

CAMILLE. Entrons dans cette galerie, c'est là qu'on a crié.

PERDICAN. Je ne sais ce que j'éprouve ; il me semble que mes mains sont couvertes de sang.

CAMILLE. La pauvre enfant nous a sans doute épiés ; elle s'est encore évanouie ; viens, portons-lui secours ; hélas ! tout cela est cruel.

PERDICAN. Non, en vérité, je n'entrerai pas ; je sens un froid mortel qui me paralyse. Vas-y ; Camille, et tâche de la ramener. *(Camille sort.)* Je vous en supplie, mon Dieu ! ne faites pas de moi un meurtrier ! Vous voyez ce qui se passe ; nous sommes deux enfants insensés, et nous avons joué avec la vie et la mort ; mais notre cœur est pur ; ne tuez pas Rosette, Dieu juste ! Je lui trouverai un mari, je réparerai ma faute ; elle est jeune, elle sera riche, elle sera heureuse ; ne faites pas cela, ô Dieu ! vous pouvez bénir encore quatre de vos enfants. Eh bien ! Camille, qu'y a-t-il ? *(Camille rentre.)*

CAMILLE. Elle est morte. Adieu, Perdican.

Alfred de MUSSET, *On ne badine pas avec l'amour*,
acte III, sc. 8.

QUESTIONS

1. Faites le relevé des champs lexicaux de l'enfance et du jeu ; que révèlent-ils de la psychologie des personnages ? Quels autres éléments vont dans le même sens ?

2. Relevez les apostrophes* et les formes de la prière dans le discours de Perdican ; qu'y a-t-il de dérisoire dans ses supplications ?

3. Comparez la dernière réplique de Camille et celle de Bérénice : pourquoi, en dépit de leurs différences, ont-elles la même résonance tragique ?

Sujet de bac

QUESTIONS D'ENSEMBLE

1. D'après Thierry Maulnier, Racine « ne veut pas faire de la mort un spectacle barbare » ; quels dénouements du corpus vous apparaissent comme des « spectacles barbares » ? Pourquoi ?

2. Recherchez les règles du dénouement tragique selon les théoriciens classiques, puis expliquez en quoi chaque texte du corpus déroge à ces règles.

DISSERTATION

« Ce n'est point une nécessité qu'il y ait du sang et des morts dans une tragédie », déclare Racine dans la préface de *Bérénice* (voir p. 22). Dans une réflexion qui s'appuiera sur les textes du corpus, vous direz si vous êtes d'accord avec le dramaturge.

COMMENTAIRE

Vous ferez le commentaire du texte de Musset en étudiant le tragique et le pathétique du dénouement de son proverbe.

ÉCRITURE D'INVENTION

Imaginez qu'au lieu d'être clément, Auguste ait été épris de vengeance et récrivez en prose le dénouement de *Cinna* à la manière de Shakespeare.

LECTURES
DE *BÉRÉNICE*

Spécialisé dans l'écriture de scènes françaises intercalées dans les comédies italiennes, Fatouville est aussi l'auteur de quatorze pièces qui ont toutes pour héros Arlequin (bouffon de la *commedia dell'arte*). Fatouville écrivit en 1683 *Arlequin Protée*, satire composée de trois parties sans lien entre elles, mélangeant les genres (vers et prose) et les langues (italien et français).

Arlequin a choisi des acteurs pour jouer la *Bérénice* de Racine : il s'est attribué le rôle de Titus tandis que celui de la reine était dévolu à Colombine (type de la servante faussement ingénue). La deuxième partie de la pièce reproduit quelques scènes de *Bérénice* sur le mode burlesque.

SCÈNE IV
COLOMBINE *en Bérénice*. ARLEQUIN *en Titus*.

COLOMBINE
Non, laissez-moi, vous dis-je.
En vain tous vos conseils me retiennent ici,
Il faut que je le voie. Ah pargué[1] le voici.
Hé bien, il est donc vrai que Titus m'abandonne ?
Il faut nous séparer, et c'est lui qui l'ordonne ?

Elle le pousse.

ARLEQUIN
Ne poussez point, madame, un prince malheureux.
Il ne faut point ici nous attendrir tous deux.
Il faut… mais que faut-il ? Dans l'horreur qui m'accable,
Il faut, madame, il faut, il faut que j'aille au diable.
Vous voyez cependant, mes yeux sont tout en eau :
Je tremble, je frémis. Tout beau, Titus, tout beau.
Il faut que l'univers reconnaisse sans peine,
Les pleurs d'un empereur, et les pleurs d'une reine :
Car enfin, ma princesse, il faut nous séparer.

---

1. **Pargué** : altération populaire de *Par Dieu*.

COLOMBINE

Ah, coquin, est-il temps de me le déclarer ?
Qu'avez-vous fait, maraud ? je me suis crue aimée.
Aux plaisirs de vous voir, mon âme accoutumée…

ARLEQUIN

La friponne !

COLOMBINE

      Seigneur, écoutez mes raisons.
Vous m'allez envoyer aux Petites-Maisons[1] :
Car enfin, après vous, je cours comme une folle,
Oui, j'expire d'amour, et j'en perds la parole.
Hélas plus de repos, seigneur, et moins d'éclat !
Votre amour ne peut-il paraître qu'au sénat ?
Ah, Titus : car enfin l'amour fuit la contrainte
De tous ces noms que suit le respect et la crainte ;
De quel soin votre amour va-t-il s'importuner ?
N'a-t-il que des États qu'il me puisse donner ?
Rome a ses droits, seigneur, n'avez-vous pas les vôtres ?
Ses intérêts sont-ils plus sacrés que les nôtres ?
Répondez donc…

      Elle le tire par la manche, et la lui déchire.

ARLEQUIN

    Hélas que vous me déchirez !

COLOMBINE

Vous êtes empereur, seigneur, et vous pleurez ?

ARLEQUIN

Oui, madame, il est vrai, je pleure, je soupire ;
Je frémis. Mais enfin, quand j'acceptai l'empire…
Quand j'accepterai l'empire… on me vit empereur…
Ma mignonne, m'amour, redonne-moi mon cœur.
Pour Bérénice, hélas ! c'est un grand coup de foudre.
Mais mon petit tendron[2], il faut vous y résoudre.
Car enfin aujourd'hui, je dois dire de vous,

---

1. **Petites-Maisons** : asile d'aliénés.
2. **Tendron** : jeune fille.

Lorsque vous m'étranglez pour être votre époux :
    « Puisqu'elle pleure, qu'elle crie,
    Et qu'elle veut qu'on la marie
    Je veux lui donner de ma main
    L'aimable et le jeune Paulin. »
Holà, ho, Paulin, Scaramouche[1].

COLOMBINE

Allez-vous en au diable, avecque Scaramouche,
Pour un si vieux frelon, je suis trop jeune mouche.
Si j'ai crié, pleuré, pour avoir un époux,
Cher Titus, j'en veux un qui soit beau comme vous.
Pour Titus empereur, je pleure, je soupire ;
Mais Titus Arlequin, me fait crever de rire.

Elle s'en va.

FATOUVILLE, *Arlequin protée*, 1683 (in *Théâtre du XVIIe siècle*,
tome III, bibliothèque de la Pléiade, Gallimard, 1992).

Pour Rousseau, il n'y a pas de théâtre édifiant car le but des dramaturges n'est pas d'instruire mais de plaire. La première partie de la *Lettre à d'Alembert* traite de la nocivité du théâtre pour les mœurs, en s'appuyant sur des exemples tirés de Molière pour la comédie, puis des tragédies de la grande époque, dont *Bérénice*. Selon l'auteur, la tragédie procède d'un paradoxe injustifiable en prétendant « nous guérir de l'amour par la peinture de ses faiblesses ».

« Dans quelle disposition d'esprit le spectateur voit-il commencer cette pièce ? Dans un sentiment de mépris pour la faiblesse d'un empereur et d'un Romain, qui balance comme le dernier des hommes entre sa maîtresse et son devoir : qui, flottant incessamment dans une déshonorante incertitude, avilit par des plaintes efféminées ce caractère presque divin que lui donne l'histoire ; qui fait chercher dans un vil soupirant de ruelle le bienfaiteur du monde, et les délices du genre humain. Qu'en

---

1. **Scaramouche** : autre type de la *commedia dell'arte*, à qui Arlequin a confié le rôle de Paulin.

pense le même spectateur après la représentation ? Il finit par plaindre cet homme sensible qu'il méprisait, par s'intéresser à cette même passion dont il lui faisait un crime, par murmurer en secret du sacrifice qu'il est forcé d'en faire aux lois de la patrie. Voilà ce que chacun de nous éprouvait à la représentation. Le rôle de Titus, très bien rendu, eût été plus digne de lui ; mais tous sentirent que l'intérêt principal était pour Bérénice, et que c'était le fort de son amour qui déterminait l'espèce de la catastrophe. Non que ses plaintes continuelles donnassent une grande émotion durant le cours de la pièce ; mais au cinquième acte où, cessant de se plaindre, l'air morne, l'œil sec et la voix éteinte, elle faisait parler une douleur froide approchante du désespoir, l'art de l'actrice ajoutait au pathétique du rôle, et les spectateurs vivement touchés commençaient à pleurer quand Bérénice ne pleurait plus. Que signifiait cela, sinon qu'on tremblait qu'elle ne fût renvoyée ; qu'on sentait d'avance la douleur dont son cœur serait pénétré ; et que chacun aurait voulu que Titus se laissât vaincre, même au risque de l'en moins estimer ? Ne voilà-t-il pas une tragédie qui a bien rempli son objet, et qui a bien appris aux spectateurs à surmonter les faiblesses de l'amour ? L'événement dément ces vœux secrets, mais qu'importe ? Le dénouement n'efface point l'effet de la pièce. La Reine part sans congé du parterre : l'Empereur la renvoie *invitus invitam*, on peut ajouter *invito spectatore*. Titus a beau rester Romain, il est seul de son parti ; tous les spectateurs ont épousé Bérénice.

Quand même on pourrait me disputer cet effet ; quand même on soutiendrait que l'exemple de force et de vertu qu'on voit dans Titus, vainqueur de lui-même, fonde l'intérêt de la pièce, et fait qu'en plaignant Bérénice, on est bien aise de la plaindre ; on ne ferait que rentrer en cela dans mes principes ; parce que, comme je l'ai déjà dit, les sacrifices faits au devoir et à la vertu ont toujours un charme secret, même pour les cœurs corrompus : et la preuve que ce sentiment n'est point l'ouvrage de la pièce, c'est qu'ils l'ont avant qu'elle commence. Mais cela n'empêche pas que certaines passions satisfaites ne leur semblent préférables à la vertu même, et que, s'ils sont contents de voir Titus vertueux et magnanime, ils ne le fussent encore plus de le voir heureux et faible, ou du moins qu'ils ne consentissent volontiers à l'être à sa place. Pour rendre cette vérité sensible, imaginons un dénoue-ment tout contraire à celui de l'auteur. Qu'après avoir mieux consulté son cœur, Titus ne voulant ni enfreindre les lois de Rome, ni vendre le bonheur à l'ambition, vienne, avec des maximes opposées, abdiquer l'Empire aux pieds de Bérénice ; que, pénétrée d'un si grand sacrifice, elle sente que son devoir serait de refuser la main de son amant, et que pourtant elle l'accepte ; que tous deux enivrés des charmes de l'amour, de la paix, de l'innocence, et renonçant aux vaines grandeurs, pren-nent, avec cette douce joie qu'inspirent les vrais mouvements de la Nature, le parti d'aller vivre heureux et ignorés dans un coin de la terre ; qu'une scène si touchante soit animée des sentiments tendres et pathétiques que le sujet fournit et que Racine eût si bien fait valoir ; que Titus en quittant les Romains leur adresse un discours, tel que la circonstance et le sujet le comportent : n'est-il pas clair, par exemple, qu'à moins qu'un auteur ne soit de la dernière maladresse, un tel discours doit faire fondre en larmes toute l'assemblée ? La pièce, finissant ainsi, sera, si l'on veut, moins bonne, moins instructive, moins conforme à l'histoire, mais en fera-t-elle moins de plaisir, et les spectateurs en sortiront-ils moins satisfaits ? Les quatre premiers actes subsisteraient à peu près tels qu'ils sont, et cependant on en tirerait une leçon direc-tement contraire. Tant il est vrai que les tableaux de l'amour font toujours plus impression que les maximes de la sagesse, et que l'effet d'une tragédie est tout à fait indépendant de celui du dénouement ! »

Jean-Jacques ROUSSEAU, *Lettre à d'Alembert sur les spectacles*, 1758.

Au XIXᵉ siècle, la critique littéraire, fortement influencée par le romantisme, ne voit souvent dans l'œuvre de Racine qu'une volonté d'édification religieuse et morale.

C'est dans ce contexte qu'en janvier 1844, dans *La Revue des deux Mondes*, Sainte-Beuve écrit un article « Sur la reprise de *Bérénice* au théâtre français ». Après avoir admiré le personnage de Titus et la « stabilité héroïque de [son] âme à travers tous les orages », Sainte-Beuve se livre à une analyse de la fameuse sim-plicité d'action de *Bérénice*.

« Il faut qu'il y ait beaucoup de science dans la contexture de *Bérénice* pour qu'une action aussi simple puisse suffire à cinq actes, et qu'on ne s'aperçoive du peu d'incidents qu'à la réflexion. Chaque acte est, à peu de chose près, le même qui recommence ; un des amoureux, dès qu'il est trop en peine, fait chercher l'autre :

> A-t-on vu de ma part le roi de Comagène ?

Quand un plus long discours hâterait trop l'action, on s'arrête, on sort sans s'expliquer, dans un trouble involontaire :

> Quoi ? me quitter sitôt ! et ne me dire rien !
> . . . .
> Qu'ai-je fait ? et que dit ce silence ?

Ce qui est d'un art infini, c'est que ces petits ressorts qui font aller la pièce et en établissent l'économie concordent parfaitement et se confondent avec les plus secrets ressorts de l'âme dans de pareilles situations. L'utilité ne se distingue pas de la vérité même. De loin il est difficile d'apercevoir dans *Bérénice* cette sorte d'architecture tragique qui fait que telle scène se dessine hautement et se détache au regard. La grande scène voulue au troisième acte ne produit point ici de péripétie proprement dite, car nous savons tout dès le second acte, et il n'eût tenu qu'à Bérénice de le comprendre comme nous. J'ai vu deux fois la pièce, et, à ne consulter que mon souvenir, sans recourir au volume, il m'est presque impossible de distinguer nettement un acte de l'autre par quelque scène bien tranchée. S'il fallait exprimer l'ordre de structure employé ici, je dirais que c'est simplement une galerie en cinq appartements ou compartiments, et le tout revêtu de peintures et de tapisseries si attrayantes au regard, qu'on passe insensiblement de l'une à l'autre sans trop se rendre compte du chemin. Cette nature d'intérêt, ce me semble, doit suffire ; on ne sent jamais d'intervalle ni de pause. Racine a eu droit de rappeler en sa préface que la véritable invention consiste à faire quelque chose de rien ; ici ce *rien*, c'est tout simplement le cœur humain, dont il a traduit les moindres mouvements et développé les alternatives inépuisables. La lutte du cœur plutôt que celle des faits, tel est en général le champ de la tragédie française en son beau moment, et voilà pourquoi elle fait surtout l'éloge, à mon sens, du goût de la société qui savait s'y plaire. »

SAINTE-BEUVE, *Premiers lundis-débuts
des portraits littéraires*, 1844.

C'est dans une perspective marxiste que le philosophe Lucien Goldmann, auteur du *Dieu caché* (1956), se livre à une analyse du tragique, appliquant aux œuvres de Pascal et de Racine une méthode de sociologie dialectique. Les tragédies de Racine sont ainsi envisagées comme la confrontation de trois personnages : le héros tragique (ici dédoublé en Titus et Bérénice), le monde (ici la cour) et un Dieu caché et muet (ici Rome et son peuple).

Goldmann voit dans Titus un personnage « devenu tragique avant que la pièce ne commence », et « *dès le début* conscient de la situation, de l'impossibilité du moindre compromis, du seul dénouement possible… »

« Titus n'apparaît qu'au second acte. C'est le personnage tragique, pleinement conscient de la réalité, de ses problèmes, de ses exigences, et de l'impossibilité de les concilier. Son amour pour Bérénice est *absolu* et il le restera jusqu'à la fin de la pièce. Sa vie n'aura plus de sens ni de réalité s'ils doivent se séparer. Mais, d'autre part, le règne est, lui aussi, essentiel à son existence et il a ses exigences inexorables. Placé ainsi entre le règne et l'amour, ne pouvant vivre avec aucun des deux s'il doit sacrifier l'autre, il ne lui reste que l'abandon de la vie, physique dans le suicide, ou moral dans un règne qui ne sera "qu'un long bannissement".

Schématiquement, c'est l'argument du *Cid* et de la plupart des pièces de Corneille. Titus sacrifie l'amour au "devoir", ou, si l'on veut, à la "gloire". Mais, là où Corneille aurait vu le *triomphe* et *la victoire matérielle* de l'homme, Racine ne voit que son triomphe moral accompagné de sa défaite matérielle, le sacrifice de sa vie et de sa personne. Titus, comme tous les héros tragiques, est fort et faible, grand et petit – un roseau, mais un roseau pensant.

Cependant, et bien qu'il n'en prenne conscience que plus tard, son sacrifice n'aura de sens que s'il lui évite la faute, l'abandon d'un des deux éléments antagonistes et pourtant indispensables à son univers de valeurs. La séparation, le "long bannissement" du règne n'a de sens que si Bérénice s'associe à son sacrifice, si, dans la séparation acceptée en commun, leur communauté reste entière ; sinon, le suicide évitera et la faute envers Bérénice, et la faute envers Rome.

Pour l'instant cependant, Bérénice ne se doute même pas de l'existence du problème. Elle espère le mariage.

Titus, ayant déjà pris sa décision, est seul. Autour de lui, deux forces invisibles : le monde, la cour avec laquelle il pourrait composer, mais qu'il méprise et refuse, et, plus loin, Rome, avec ses institutions, son peuple, ses dieux. Rome qu'il ne peut pas atteindre, mais qui existe quelque part, cachée et muette, surveillant chacun de ses actes avec la même exigence implacable du Dieu caché de toutes les tragédies. »

Lucien Goldmann, Le Dieu caché,
Gallimard, 1959.

Essayiste de la Nouvelle Critique, Roland Barthes, dans la première partie de son essai intitulée *L'Homme racinien*, s'est « placé dans le monde tragique de Racine et [a tenté] d'en décrire la population [...] sans aucune référence à une source de ce monde » (histoire ou biographie). Pour mener à bien cette étude du héros racinien, il adopte le langage de la psychanalyse, le mieux adapté, selon lui, à l'observation de « l'homme enfermé » : Titus, étouffé par la passion de Bérénice, voudrait « être à la fois fidèle et infidèle sans la faute »…

« Car il n'est pas vrai que Titus ait à choisir entre Rome et Bérénice. Le dilemme porte sur deux moments plus que sur deux objets : d'une part, un passé, qui est celui de l'enfance prolongée, où la double sujétion au Père et à la maîtresse-Mère est vécue comme une sécurité (Bérénice n'a-t-elle pas sauvé Titus de la débauche ? n'est-elle pas *tout* pour lui ?) ; d'autre part, et dès la mort du Père, peut-être tué par le fils, un avenir responsable, où les deux figures du passé, le Père et la femme (d'autant plus menaçante que l'amant-enfant est son obligé), sont détruites d'un même mouvement. Car c'est le même meurtre qui emporte Vespasien et Bérénice. Vespasien mort, Bérénice est condamnée. La tragédie est très exactement l'intervalle qui sépare les deux meurtres.

Or – et c'est ici l'astuce profonde de Titus – le premier meurtre servira d'alibi au second : c'est au nom du Père, de Rome, bref d'une légalité mythique, que Titus va condamner Bérénice ; c'est en feignant d'être requis par une fidélité générale au Passé que Titus va justifier son infidélité à Bérénice ; le premier meurtre devient vie figée, alibi noble, théâtre. Rome, avec ses lois qui défendent jalousement la pureté de son sang, est une instance toute désignée pour autoriser l'abandon de Bérénice. Pourtant Titus ne parvient même pas à donner à cette instance une apparence héroïque ; il délibère sur une peur, non sur un devoir : Rome n'est pour lui qu'une opinion publique qui le terrifie ; sans cesse il évoque en tremblant le *qu'en dira-t-on ?* anonyme. La Cour même est une personnalité trop précise pour le menacer vraiment ; il tire sa peur – et par conséquent sa justification – d'une sorte de *on* aussi général que possible. En fait, Rome est un pur fantasme. Rome est silencieuse, lui seul la fait parler, menacer, contraindre ; le fantasme est si bien un *rôle* dans le protocole de la rupture que parfois, comme ces hystériques qui oublient un instant qu'ils ont un bras paralysé, Titus cesse de craindre ; Rome disparaît, Titus ne sait plus à quoi il joue.

Bérénice n'est donc pas une tragédie du sacrifice, mais l'histoire d'une répudiation que Titus n'ose pas assumer. Titus est déchiré, non entre un devoir et un amour, mais entre un projet et un acte. Tel est ce *rien* célèbre : la distance mince et pourtant laborieusement parcourue, qui sépare une intention de son alibi ; l'alibi trouvé, vécu théâtralement (Titus va jusqu'à mimer sa mort), l'intention peut s'accomplir, Bérénice est renvoyée, la fidélité liquidée, sans qu'il y ait même risque de remords : Bérénice ne sera pas l'Érinnye dont elle avait rêvé. Bérénice est *persuadée :* ce résultat tout à fait incongru dans la tragédie racinienne s'accompagne d'une autre singularité : les figures du conflit se séparent sans mourir, l'aliénation cesse sans recours catastrophique. Tel est sans doute le sens de l'Orient bérénicien : un *éloignement* de la tragédie. Dans cet Orient se rassemblent toutes les images d'une vie soumise à la puissance la plus anti-tragique qui soit : la permanence (solitude, ennui, soupir, errance, exil, éternité, servitude ou domination sans joie). Parmi ces images, deux dominent, comme les statues dérisoires de la crise tragique : le silence et la durée. Ces deux valeurs nouvelles sont prises en charge par les êtres même de l'Orient : Antiochus et Bérénice. Antiochus est l'homme du silence. Condamné d'un même mouvement à se taire et à être fidèle, il s'est tu cinq ans avant de parler à Bérénice ; il ne conçoit sa mort que silencieuse ; son *hélas* final est retour à un silence définitif. Quant à Bérénice, elle sait que, passé la tragédie, le temps n'est qu'une insignifiance infinie, dont la pluralité des mers n'est que le substitut spatial : rendue à la durée, la vie ne peut plus être un spectacle. Tel est en somme l'Orient bérénicien : la mort même du théâtre. Et sur les vaisseaux ancrés dans Ostie, avec Antiochus, c'est toute la tragédie que Titus envoie dans le néant oriental. »

Roland BARTHES, *Sur Racine*,
Le Seuil, collection « Points », 1963.

LIRE

– Thierry MAULNIER, *Racine*, Gallimard, 1947.

– Lucien GOLDMANN, *Le Dieu caché*, Gallimard, 1959.

– Jean STAROBINSKI, « Racine et la poétique du regard », *L'Œil vivant*, Gallimard, 1961.

– Roland BARTHES, *Sur Racine*, Le Seuil, coll. « Points », 1963.

– Revue *Europe*, n° 453 consacré à Racine, janvier 1967.

– Jacques SCHÉRER, « Les personnages de *Bérénice* », *Mélanges Lebègue*, Nizet, 1969, p. 279-291.

– Léo SPITZER, « L'effet de sourdine dans le style classique : Racine », *Études de style*, Gallimard, coll. « Tel », 1970.

– Alain NIDERST, *Racine et la tragédie classique*, P.U.F., « Que sais-je ? », n° 1753, 1978.

– Gilles DECLERCQ, « Une voix *doxale* : l'opinion publique dans les tragédies de Racine », revue *XVIIᵉ siècle*, janvier-mars 1994.

– Jean ROHOU, *Jean Racine. Bilan critique*, Nathan Université, 1994.

LES MOTS
DE *BÉRÉNICE*

Alarmes : émotion causée par un danger soudain, angoisse (v. 151, 479). Inquiétude (v. 1484).

Amant : homme qui éprouve des sentiments amoureux pour une femme, qu'ils soient réciproques ou non (« soupirant » : v. 13, 49, 262...).

Amante : femme amoureuse d'un homme (v. 168).

Chagrin : douleur mêlée de colère, irritation (v. 653). Le sens est plus fort que celui d'aujourd'hui.

Charme : sortilège, puissance magique (sens étymologique, v. 995). Le sens actuel d'« attrait » existait au XVIIe siècle. **Charmer** : ensorceler (v. 599). **Charmant** : qui exerce un attrait puissant sur les sens (v. 236, 317).

Cruel : d'après son sens étymologique, sanglant, qui fait couler le sang (v. 229, 471) ; en parlant d'une chose : qui provoque une souffrance extrême (v. 274, 499, 519). En apostrophe à un amant : insensible (v. 1062, 1103).

Ennui : tourment de l'âme, désespoir (v. 599) ; vide du cœur (v. 234). Le sens actuel de « lassitude causée par le désœuvrement » est plus faible.

Fer(s) : toujours employé par image ; au singulier, par synecdoque*, il désigne une arme : l'épée ou le poignard (v. 1230) ; au pluriel, par métaphore*, il s'emploie pour désigner l'état de servitude amoureuse (v. 1401).

Foi : serment, parole donnée (v. 1162) ; fidélité à ses engagements, amour fidèle (v. 313, 657).

Fortune : sens étymologique = sort, hasard, destinée (v. 136, 679...). Cette destinée peut être heureuse (v. 87) ou fatale. Ce sens subsiste aujourd'hui dans l'expression « faire contre mauvaise fortune bon cœur ».

Funeste : mortel, fatal (v. 131, 626, 747, 958). Sens atténué aujourd'hui : nuisible, dommageable.

Fureur(s) : sens étymologique = folie furieuse ; au pluriel : actes de folie (v. 354). Dans le vocabulaire militaire : ardeur, acharnement guerrier (v. 218) ; agitation violente (v. 231). Le sens actuel de « grande colère » est usuel au XVIIe siècle (v. 961).

Généreux : de race noble (sens étymologique) ; puis : qui a un comportement conforme à cette origine, magnanime (v. 12, 897, 1265, 1469). Le sens moderne est rare avant la fin du XVIIe siècle.

Gloire : honneur, considération (v. 102, 251, 796…) ; réputation intacte aux yeux de soi-même et d'autrui (v. 392, 452, 491, 604…). Titus et Bérénice ne lui accordent pas le même sens : pour Titus, il s'agit de se montrer digne de sa nouvelle fonction (v. 1027, 1052, 1058…). Pour Bérénice, c'est la fidélité de Titus à son engagement amoureux qui est une question d'honneur (v. 908).

Hymen/hyménée : termes poétiques pour désigner le mariage (v. 150, 716…).

Ingrat : le sens actuel (« qui manque de reconnaissance ») est usuel au XVIIᵉ siècle (v. 90, 526). Le mot s'emploie aussi dans le vocabulaire amoureux pour qualifier celui qui ne répond pas à l'amour qu'on lui porte (v. 619).

Soin(s) : attention portée à quelqu'un, sollicitude (v. 12) ; effort (v. 1462) ; souci, préoccupation (v. 17, 786, 941).

Temps : moment, occasion favorable (v. 343, 556, 617, 937).

Transport(s) : manifestation d'un sentiment vif – la joie (v. 253), l'enthousiasme (v. 1271) – voire passionné : l'amour (v. 326, 713).

LES TERMES DE CRITIQUE

Allitération : répétition d'une même consonne créant un écho sonore.

Amplification : ensemble des procédés stylistiques approfondissant et enrichissant une idée en vue d'un grandissement du personnage ou de la situation décrits.

Anaphore : répétition d'un ou plusieurs mots au début de plusieurs vers, membres de phrases…

Antithèse : opposition de sens entre deux mots, deux groupes de mots, deux propositions.

Catastrophe : dénouement malheureux de la tragédie, ou événements résultant de la dernière péripétie.

Césure : coupe qui délimite les différentes parties du vers ; elle intervient généralement au milieu du vers, on parle alors de césure à l'hémistiche. Un alexandrin est souvent césuré en deux fois six syllabes. La ponctuation ou la syntaxe aident à repérer la césure.

Champ lexical : ensemble de termes se rapportant à un thème donné.

Chiasme : parallélisme croisé qui place en ordre inverse deux groupes de mots identiques d'après la syntaxe ou le sens, suivant le schéma ABB'A'.

Coup de théâtre : événement imprévu qui modifie l'action de façon spectaculaire.

Deus ex machina : dans le théâtre antique, dieu qui, sortant de la machinerie théâtrale, intervenait pour apporter une issue à l'action. Au sens large, personnage ou événement qui vient dénouer providentiellement une situation inextricable.

Didascalies : ensemble des indications concernant la mise en scène. Elles peuvent être explicites (indiquées entre parenthèses ou en italique) ou implicites (intégrées au discours des personnages).

Diérèse : dissociation en deux syllabes de deux voyelles qu'on prononce ordinairement en une seule syllabe (ex. : *justifi-er*).

Dramatique : relatif au théâtre et en particulier au déroulement de l'action (du grec *drama* : action).

Dramaturge : auteur qui écrit des pièces de théâtre.
– **Dramaturgie** : art de composer une pièce de théâtre.

Élégie : chez les Anciens, petit poème au sujet tendre, triste, plaintif ; le ton élégiaque qualifie tout ce qui est exprimé de façon tendre et mélancolique.

Épique : relatif à l'épopée (long récit poétique d'aventures extraordinaires arrivées à des héros fabuleux, et où intervient le merveilleux).

Exposition : scène ou acte présentant les éléments de la situation initiale nécessaires à la compréhension de la pièce.

Focalisation : désigne le type de vision adoptée par le narrateur ; **f. zéro** (ou « vision par derrière ») : le narrateur est omniscient, il sait tout des faits et des personnages ; **f. interne** (ou « vision avec ») : il adopte le point de vue d'un personnage ; **f. externe** (ou « vision du dehors ») : il ne rapporte que les apparences extérieures de l'histoire. Des focalisations différentes peuvent donc donner plusieurs versions d'un même fait.

Harmonie suggestive : groupe de sonorités évoquant (de façon subjective) certaines impressions ou certains sentiments.

Ironie tragique : le sort semble prendre au mot un personnage inconscient de ce qui va l'accabler ; celui-ci entend ou prononce une vérité sans en percevoir la portée funeste pour lui.

Leitmotiv : thème qui revient sans cesse dans un discours, une œuvre…

Licence orthographique : possibilité de déroger aux règles de l'orthographe par suppression ou adjonction d'une ou plusieurs lettres, pour les besoins de la rime ou de la prosodie (ex. : v. 25, *jusques* pour *jusque*).

Lyrique : qui exprime de façon vibrante les sentiments personnels, et cherche à les faire partager à l'interlocuteur ou au lecteur.

Maxime : formule concise qui énonce une vérité morale ou une règle de conduite.

Métaphore : figure fondée sur un rapport d'analogie, mais sans outil de comparaison ; elle est dite « galante » lorsqu'elle produit un rapprochement raffiné pour exprimer les sentiments amoureux (ex. : *les feux de la passion*).

Métonymie : figure désignant une réalité non par son nom mais par un autre, qui entretient avec cette réalité une relation logique ou de voisinage (le contenant pour le contenu, la cause pour l'effet, le lieu pour la fonction…).

Monologue : un discours tenu par un personnage seul en scène. Il est dit **délibératif** (ou de délibération) lorsqu'il est prononcé par un personnage placé devant un choix difficile ; celui-ci exprime son dilemme puis cherche une solution en discutant avec lui-même souvent de façon douloureuse et passionnée.

Pathétique : qui émeut fortement la sensibilité et suscite la pitié du spectateur ou du lecteur par la représentation de la souffrance.

Protagoniste : personnage qui joue un rôle principal dans une intrigue.

Quiproquo : méprise sur l'identité d'un personnage ou malentendu sur une situation.

Rhétorique : (adj.) relatif à la rhétorique, c'est-à-dire à l'éloquence, conçue comme art de bien parler et de persuader.

Rime normande : rime entre des syllabes de même orthographe mais de sonorités différentes (ex. : *amer/aimer*), autorisée par d'anciennes prononciations.

Rythme binaire : rythme comportant deux éléments liés (souvent par la conjonction de coordination *et*). Il peut servir à présenter une alternative ou une opposition. Le rythme est ternaire lorsqu'il lie trois éléments.

Schéma actantiel : système qui décrit le rôle des personnages et des forces agissantes dans le déroulement de l'action (d'où le terme d'« actants ») :

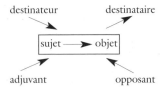

Le sujet entreprend l'action en vue d'obtenir l'objet, aidé par l'adjuvant, entravé par l'opposant ; le destinateur commande l'action, le destinataire en est le bénéficiaire.
Un personnage peut cumuler plusieurs fonctions ; un seul actant peut correspondre à plusieurs personnages. Les relations peuvent évoluer au fil de l'action et des schémas différents peuvent décrire la même situation selon le personnage qu'on choisit comme sujet.

Stichomythie : duel verbal où les interlocuteurs se répondent vers à vers, ce qui provoque rapidité, tension et violence.

Synecdoque : figure qui substitue à un mot désignant un être ou un objet un autre mot désignant une partie de cet être ou de cet objet, ou la matière dont il est constitué (ex. : *le fer* = l'épée).

Tétramètre : alexandrin divisé en quatre mesures de trois syllabes (3/3//3/3).

Tirade : longue réplique.

POUR MIEUX EXPLOITER
LES QUESTIONNAIRES

Ce tableau fournit la liste des rubriques utilisées dans les questionnaires, avec les renvois aux pages correspondantes, de façon à permettre des **études d'ensemble** sur tel ou tel de ces aspects (par exemple dans le cadre de la lecture suivie).

RUBRIQUES	PAGES				
	Acte I	Acte II	Acte III	Acte IV	Acte V
DRAMATURGIE	29, 35, 46		86	90, 106, 107	124, 125, 127
GENRES	45, 47	57, 67	85	93	111, 128
MISE EN SCÈNE	45				120, 124
PERSONNAGES	42, 46	57, 66 67	73, 78, 85, 86	90, 93, 106, 107	125, 127
QUI PARLE ? QUI VOIT ?	42, 45	66			
REGISTRES ET TONALITÉS	29, 35	67	73	93, 101, 107	120, 126, 128
STRATÉGIES	35	57, 66	78	100, 106	120
STRUCTURE	42		73, 78, 85	93	111
THÈMES	29	57		100	111, 124

TABLE DES MATIÈRES

Les photographies de cette édition sont tirées des mises en scène suivantes :
Mise en scène de Klaus Michael Grüber, décor de Gilles Aillaud, costumes de Dagmar Niefind, Comédie-Française, 1984-1985 – Mise en scène de Jacques Lassalle, décor de Nicolas Sire, costumes de Rudy Sabounghi, T.E.P., 1990 – Mise en scène d'Anne Delbée, décor de Jean-Pierre Regnault, costumes de Mine Barral, Théâtre 14, 1992 – Mise en scène de Daniel Mesguich, costumes de Dominique Louis, Théâtre de la Métaphore, Lille, 1994.

COUVERTURE : Jean-François Sivadier (TITUS) et Nathalie Nell (BÉRÉNICE) dans la mise en scène de Jacques Lassalle, T.E.P., 1990.

CRÉDITS PHOTO :
Couverture : Ph. © Pascal Maine. – p. 2 Ph. © Pascal Maine – p. 3 ht Ph. © Scala. – p. 3 bas Ph. © Musées du Mans - Archives Larbor. – p. 4 ht Ph. © Bernand. – 4 bas Ph. © Pascal Maine. – p. 5 Ph. © Bernand. – p. 6 Ph. © P. Gely/Bernand/T. – p. 7 ht Ph. © Bernand. – p. 7 bas Ph. © P. Gely/Bernand. – p. 8 Ph. © Bernand/T. – p. 13 Ph. © Archives Larbor. – p. 18 Ph. © Roger-Viollet/T. – p. 61 Ph. © Pascal Maine. – p. 70 Ph. © M. Rubinel/ Enguerand/T . – p. 82 Ph. © Archives Larbor. – p. 88 Ph. Coll Archives Larbor/T. – p. 114 Ph. Coll Archives Larbor. – p. 118 Ph. © Brigitte Enguerand/T.

Direction éditoriale : Pascale Magni – *Coordination* : Franck Henry – *Édition* : Stéphanie Simonnet – *Révision des textes* : Laurent Strim – *Iconographie* : Christine Varin – *Maquette intérieure* : Josiane Sayaphoum – *Fabrication* : Jean-Philippe Dore – *Compogravure* : PPC.

© Bordas, Paris, 2003 – ISBN : 2-04-730374-5

Imprimé en France par France Quercy – N° de projet : 10098471 – Dépôt légal : juillet 2003